民族团结故事丛书

MINZU TUANJIE GUSHI CONGSHU

U0577325

女红军过雪山草地的故事

四川省阿坝藏族羌族自治州妇女联合会　编

四川党建期刊集团

四川民族出版社

图书在版编目(CIP)数据

女红军过雪山草地的故事/四川省阿坝藏族羌族自治州妇女联合会编 . —成都:四川民族出版社,2012.7
(2019.9 重印)
(民族团结故事丛书)
　ISBN 978-7-5409-4978-5

　Ⅰ.①女…　Ⅱ.①四…　Ⅲ.①故事－作品集－中国－当代　Ⅳ.①I247.8

　中国版本图书馆 CIP 数据核字(2012)第 132367 号

NVHONGJUN GUOXUESHAN CAODI DE GUSHI

女红军过雪山草地的故事
四川省阿坝藏族羌族自治州妇女联合会　编

出 版 人	泽仁扎西
责任编辑	战　琦
责任校对	陈　晔
封面设计	解建华
责任印制	袁　祥
出版发行	四川党建期刊集团　四川民族出版社
照　　排	四川胜翔数码印务设计有限公司
印　　刷	石家庄德文林彩色印刷有限公司
成品尺寸	203mm×140mm
印　　张	7
字　　数	120 千
版　　次	2012 年 7 月第 1 版
印　　次	2019 年 9 月第 3 次印刷
书　　号	ISBN 978-7-5409-4978-5
定　　价	22.00 元

总　序

　　我们的国家，是五十六个民族团结奋斗、共同建设起来的大家园。千百年来，各族人民谁也离不开谁，在共同建设祖国大家园中，谱写出了一曲曲民族团结的颂歌，演绎出了无数说不完道不尽的动人故事。

　　这些故事，可以从文成公主和松赞干布的传奇讲起，可以从共同抗击外国侵略者的战壕中听到，可以从手捧的瓷碗和身穿的丝绸说开，可以在盐和茶的故事中品味，可以在架设金桥的工地上耳闻……

　　雪山草地，是当年红军长征走过的地方。伟人毛泽东曾说："长征是历史纪录上的第一次，长征是宣言书，长征是宣传队，长征是播种机。"那些流传在雪山草地的红军故事，诸如记述红军与藏族人民结下深厚革命情谊的《朱德与格达活佛的故事》和《四川藏区的红军故事》、《女红军过雪山草地的故事》等等，正是长征播下的革命种子开出的绚烂的革命之花，结出的丰硕的革命之果，它像无数宝石串成的民族团结之链，将汉藏民族的命运紧紧相连。每当我们听到这一个个令人震撼的故事，崇敬之情油然而生。

这些情真意切的故事，它们都来自民间，"吹尽黄沙始到金"，这些经受过历史长河的激流和细浪千百次冲刷涤荡而凝集成的宝贝，闪亮发光，传颂代代。它们是人民的心声与渴求，是各族人民精神文化生活中不可或缺的食粮之一。

时代在前进，传承与发展是历史的必然。各族人民团结一致，在建设中国特色社会主义的实践中创造的奇迹和结下的情谊，必将演绎出更多更新的故事，传颂那赛过金子的更美更闪光的篇章。

龚伯勋

2012 年 6 月 10 日于成都

前　言

　　红军过雪山草地，是我们中国革命史上极其光辉而艰巨的一页。雪山草地，位于四川省西北部、青藏高原的东南缘——今阿坝藏族羌族自治州。

　　半个世纪前的雪山草地，是不毛之地，气候极其恶劣，道路十分险峻，物资极不丰富，加上红军经过雪山草地时，张国焘分裂党、分裂红军，实行错误的南下路线，致使红四方面军多次反复过雪山草地，在极其艰苦的条件下辗转、迂回，达一年零四个月。

　　女红军们在中国共产党的领导下，怀着崇高的理想，带着青春的激情和男同志一样参加了万里长征。在雪山草地她们以坚定、顽强的革命意志，战胜前进道路上的种种难以想象的困难。她们艰苦奋斗的革命精神，是我们党最宝贵的精神财富。她们极其光辉的业绩，生命的闪光之页，应当永载史册。

今天的雪山草地，已经起了翻天覆地的变化，历史的洪流正滚滚向前；我们愿尽微薄之力，将女红军长征在雪山草地这段史事整理出来，向国庆四十周年献礼。并把湮没了半个多世纪，埋藏在这深山沟壑中的精神财富，奉献给我们广大的青少年。让这史诗般的壮丽诗篇，永远激励着现代妇女。让这瑰丽之宝，重放光彩夺目的霞光，照射在新长征的道路上，使新时代的妇女，沿着这条金光大道，加速迅跑，并把它一代又一代传下去，把祖国建设成为富强、民主、文明的社会主义现代化国家。让那无数长眠在雪山草地的忠魂得以慰藉和安息！

我们在撰写这本书时，得到了中顾委委员、原四川省委书记天宝同志，原成都军区副司令员陈明义同志的指点和关怀；全国政协委员、女红军王定国及北京、成都、阿坝州等地部分红军的大力支持和配合；中国共产党阿坝藏族羌族自治州委员会、阿坝藏族羌族自治州党史工委、阿坝藏族羌族自治州人民政府、四川省妇联、省妇运史研究室的领导和同志们极大的关怀、重视；成都军区党史办公室、中共阿坝州委党史办公室及阿坝州各县党史办公室、阿坝藏族羌族自治州民政局及各县民政局、阿坝藏族羌族自治州档案馆及有关县档案馆的大力支持；阿坝藏族羌族自治州妇女联合会及各县、区、乡妇联干部的通力合作。在此我们一并表示谢意。

由于我们的思想水平、写作水平都较低，加上年代久远，因此书中不免有错误和疏漏之处，敬请读者予以批评指正。

编者

一九八九年五月二十四日

目 录

CONTENTS

战　友　情　深

——记成都军区副司令员陈明义
关怀女红军战士

　　在《红军女英雄传》一书中，有关刘伯承同志的夫人汪荣华《历险更见革命情》一文谈到，1935 年 6 月红四方面军指战员在杂谷脑迎接日夜盼望的中央红军到来时的情形：

　　"党中央派出的代表团慰问大家来了，在杂谷脑河边，红四方面军的同志们正排着整齐的队伍，夹道热烈欢迎代表团的到来。整个山寨都沸腾了。"

　　"代表团十几名成员中，有两位最引人注目，一位是头发斑白、有学者风度的林伯渠同志；一位是戴着圆框眼镜、有军人气质的刘伯承同志。"

　　"'那位戴眼镜的是谁呀？'在欢迎的队伍中，

汪荣华怀着好奇的心情询问身边的参谋陈明义同志。"

"'你不认识吗？他就是赫赫有名的刘伯承参谋长。'陈明义同志一边回答一边竖起大拇指。"

这是汪荣华同志第一次见到刘伯承同志。在长征途中，身为红四方面军总指挥部参谋，后为红军总司令部参谋的陈明义同志、警卫员黄兴正及汪荣华同志和刘伯承同志在一起工作，后来汪荣华同志和刘伯承同志产生了爱情，在长征途中结成了伴侣。这和陈明义、黄兴正同志积极支持和帮助是有一定关系的。

1958 年陈明义副司令员到阿坝州视察工作，还专程到金川县去看望过原金川省委书记邵式平同志当时的藏族夫人杨秀英，送给杨秀英一百元钱，并向县上有关部门提出，希望能照顾好杨秀英，生活补助费应当给她增加一些，给予杨秀英老人莫大的关怀和帮助。杨秀英老人向我们谈起此事时，从内心里深深地感谢陈副司令员对她无微不至的关怀。

陈副司令员知道有不少女红军参加了长征，现在对她们仍关怀备至。我们要写女红军们浴血奋战的经历，想访问陈副司令员，陈副司令员一定会支持的。我们怀着崇敬和渴望的心情，于1986 年 12 月 2 日上午访问了陈副司令员。

果然不出我们所料，一听说我们阿坝州妇联

的同志要了解长征中女红军的事迹，他便很快安排时间接见了我们。当我们如约去到他家时，副司令员已和成都军区党史办公室的龚自德同志等候着我们了。他们将我们迎进了客厅后，副司令员亲自为我们沏茶，和蔼可亲地对我们说："同志们，你们要写女红军、妇女独立团的经历，这是正确的，好事情啊！不能因为张国焘的错误弄得我们不敢写，正是由于张国焘的错误路线，使得我们不少女红军经历了很大的磨难啊！"陈副司令员恳切地给我们讲，这一席话给了我们很大的鼓励。

随即，陈副司令员请龚干事拿来了一张军用地图，展开来，指着地图详细地给我们讲了起来：长征中，我们走过的大雪山有鹧鸪山，海拔4100米；梦笔山，海拔4400米；再翻亚克夏山到黑水芦花，海拔4450米；又翻夹金山，海拔4541米；再翻越党岭山，4500米。到党岭山还要过丹东沟，进沟往上爬，下山就到了道孚。山高得很哪！有的山还不止过一次，过雪山时由于空气稀薄，气候恶劣，缺少食物，山上茫茫大雪，不少同志就牺牲在雪山上了。我们常说红军长征经过的雪山草地，就是指的你们那里。雪山，就是上面说的那些山；草地，是指现在的红原、阿坝、若尔盖，以及甘孜等地。那软绵绵的草地到处都是腐臭的毒水和泥潭，也很不好走啊！不少同志陷进泥潭和喝了有毒的水而牺牲在那里了。其中有不少是女红军啊！说到这里，陈副司令员眼含泪水，陷入对首长和战友的深切怀念之中。

接着陈副司令员同我们谈起了红四方面军妇女独立团。他告诉我们，妇女独立团过雪山草地时有一千多人，她们主要担任三项工作：一是在医院担任卫生员和炊事员，对伤病员进行护理，给伤病员做饭，她们行军时还要背锣锅。二是抬担架，伤病员行军时走不动要抬他们走。她们真辛苦，在某种程度上她们比男同志还辛苦，男同志仅带枪在前方作战。雪山草地的高原上，走路都很困难，因为空气稀薄，走起路来都是呼哧呼哧的，而她们还要背锣锅、抬伤病员，劳动强度相当大。第三是看守兵站，组织运输队，一个连一个连的组织。副司令员指着地图给我们讲：红军女战士背着粮食，要从芦山经过灵关、宝兴、盐井、硗碛，翻夹金山，到达维。南下时组织她们北运，为了保证伤病员不饿饭，她们每人背着几十斤重的粮食，行程几百里，运粮是一件非常艰巨的任务。她们除给医院搞运输，还要给机关搞运输。曾经担任过张琴秋大姐的警卫员、妇女独立团的彭玉如，当时就是运输队队员，她是一个很能干的女同志。原军区后勤部部长、成都军区顾问杨以山同志，当年在天全就带了一个妇女运输连。刘伯承同志的夫人汪荣华同志，虽然在川陕革命根据地时已经是省邮电局局长了，但在当时那种情况下，她也在杨以山带的那个妇女运输连背过粮。女同志没有鞋穿，脚磨破了，也背着粮食往前走，没有人叫过苦；女同志有特殊情况，但从没有人叫月经病痛。这就是我们革命前辈的光荣传统。有时遇到敌人还要打仗，她们打起仗来也是非常勇敢的，这仅是妇女独立团的一个侧面。

陈副司令员继续向我们讲：红军在阿坝州长达十四个月，活动的中心是金川地区。在大金成立了金川省委，建立了省苏维埃，格勒得沙政府（即藏民自己的政府），还建立了地方武装——独立团。参军的上千人，都是藏族同胞，大都是金川、党坝、理番这一带的人。金川有一位藏族妇女叫杨秀英，会说汉语，长得很漂亮。红军刚到不久她就参军了，在省保卫局当翻译。当时金川省委书记邵式平同志，我们的邵大哥看上了她哟。以后她们就结婚了，婚后两人感情很好。红军部队到甘孜的炉霍，杨秀英也去了，在那里住了一段时间，后来因故未能跟上红军队伍，现在仍住在金川，近年来我还去看望过她。像她那样，因各种不同的原因，当时牺牲的和留在雪山草地的女红军，人数是很多的。

陈副司令员无限惋惜地说：目前内地的女红

军随着年龄的增长，健在的已不多了，她们可歌可泣的壮丽诗篇，应当抓紧时间记载下来，以便更好的教育后代。

最后，陈明义副司令员语重心长地对我们说：在战争年代，妇女半边天，在整个革命事业中是起到了很大作用的啊！希望你们能好好地把她们的事迹写出来。

陈明义副司令员的话，给我们极大的鼓舞。我们深深地感受到副司令员是那么深情地关怀着健在的女红军战士们，同时怀念着故去的战友们。

第一章　妇女运动

　　半个世纪前，红军在极其艰苦的条件下，进行了震惊中外的二万五千里长征，它是革命前辈用血肉谱写出的一部可歌可泣的英雄史诗。其中女红军们的英雄业绩也是举世无双的，她们是反帝反封建的先锋战士，她们用自己的青春和力量与旧世界搏斗，争取自身及全国妇女的解放，为我国妇女解放运动史写下了光辉的篇章。

　　1934 年 10 月，中央红军从江西于都河出发，于 1935 年 6 月 12 日翻过夹金山到达雪山草地懋功达维；1935 年 3 月红四方面军从川陕革命根据地出发，于 1935 年 5 月进入川西北高原（今阿坝藏族羌族自治州）。红一方面军先头部队红四团

和红四方面军策应部队之七十四团于 1935 年 6 月
12 日在夹金山北麓相遇，实现了两大主力的胜利
会师。之后编为左右两路军。右路军于 1935 年 9
月上旬走出草地，其中一军于 9 月 5 日抵达甘南
俄界（今迭部县高吉）。而张国焘则搞分裂党的
阴谋，除在金川等地留下少部分红军外，率大部
队南下至天全、芦山，后南下失败，红四方面军
损失惨重。1935 年 11 月，红二、六军团（即红
二方面军）从湖南省桑植县刘家坪出发，1936 年
6 月 3 日右纵队先头部队十六师在甲洼首先与前
来迎接的三十二军会师。30 日，右纵队在甘孜绒
坝岔与三十军会师。会师后，红二方面军和红四
方面军于 6 月下旬再次过雪山草地，由于张国焘
的错误路线，导致红四方面军在雪山草地走过了
最艰险的征程，最后才同红二方面军一起走出了
雪山草地。

一 引人瞩目的女红军

在庞大的红军队伍里，有一种引人瞩目的队
伍，那就是女红军。

在一、二、四方面军和红二十五军中均有女
红军参加长征。其中红一方面军参加长征到达陕
北的女红军有：邓颖超、蔡畅、康克清、贺子珍
等；红二方面军有李贞、陈琮英等；红二十五军
有周东屏、戴觉敏等，她们几乎都是无伤亡地走

出了雪山草地，到达了目的地。

红四方面军中的女红军人数最多。编入正规部队的有红四方面军妇女独立师，辖两个团，两千余名女战士；红四方面军总供给部妇女工兵营，近五百名女战士；红四方面军总政剧团，相当于一个营的编制，女战士占大多数；红四方面军总医院，有七百多名女战士。

其他分散在红四方面军各军、师的妇女宣传队和卫生、被服连排的女战士约数百人。九十一师政治部对敌宣传队有 39 位女红军。红四方面军总医院洗衣队有两百多位女红军。还有一些分散在机关、工厂，加上一些随军行动的地方妇女运输队、女民工，参加长征的妇女约八百名。她们是一支英勇善战的战斗队；一支刚毅的运输队；一支传播革命真理的宣传队；总之是一支坚韧不拔的多功能队伍。她们为了实现自己的理想，争取独立、自由和民族的解放，不畏强暴艰险，不惜用鲜血和生命谱写了一曲曲感人肺腑的悲壮之歌。她们在二万五千里长征中所作的伟大贡献，显示了老一辈无产阶级革命妇女豪迈的英雄气概，是我们中国妇女的光荣和骄傲；是我们广大妇女在新长征中学习的楷模。

妇女独立师所辖两个团（妇女一团、二团）大部分战士都是经过挑选的，一个个头戴八角帽，身着红军服装，身强体壮、英姿飒爽。这是一支经过多次训练和战斗洗礼的有战斗经验、素质较好的队伍。她们进入雪山草地后，虽然战事频繁，但组织上需要她们干什么她们就干什么，时而分，时而合，非常活跃。她们担负了绝大部分后勤工作。长征中妇女独立团负责修路、架桥、运枪、征粮、抬运伤病员，必要时还要作战，或单独接受战斗任务，或配合主力消灭敌人。她们的任务是繁重而光荣的。

二　决战雪山草地

妇女独立团一进入雪山草地，就以迅雷不及掩耳之势给反动派以迎头痛击，粉碎了蒋介石6月14日出动飞机空投"手令""饬令理番各屯、土寺庙，于官军未到之前作战动摇匪巢"① 的阴谋部署。

妇女独立团得知隐藏在杂谷脑对面半山腰喇嘛寺中的反动派企图阻止红军前进时，她们义愤填膺，妇女独立团的领导组织了一部分战士及当时做地方工作的妇女部的同志，组成了三支力量，一支队伍正面佯攻，一支从侧面包抄，还有一支从山上往下压，很快消灭了敌人。妇女独立团在杂谷脑喇嘛寺一仗获胜，几乎没有伤亡，给了蠢蠢欲动的反动势力当头一棒。此次战役不仅

---

　　　　①四门关喇嘛寺僧张喇嘛等给第十六专署的呈文。

赢得了军威，摧毁了敌人企图阻止红军进入川西北高原的计划，而且为红军后续部队扫清了前进道路上的障碍。

在雪山草地的鏖战中，妇女独立团也有一些女红军牺牲了。1935年5月20日，部分红军由茂县向北，经蚕陵、较场、太平，直赴松潘。离松潘古城约1公里处，有一处制高点"塔子山"，被敌军胡宗南以1个营的兵力扼守。红军从镇江关分三路进攻塔子山，从安顺关进牟尼沟这路红军，翻越四楞古山梁袭击谷斯之敌，这次战斗有一部分女红军参加。塔子山战斗短暂而激烈，战后有人在这一带山梁上观察到，战场上尸体遍地。此次战役打死敌军约三百人，红军牺牲一百多人，牺牲的红军多数是头部中弹。阵亡的红军中半数是女红军。这次战斗虽然打垮了驻守此地敌军一个营，但红军损失也不小，几十名女红军壮烈牺牲。

1936年初，妇女独立团一个连到金川照壁山打土匪，全连女红军战士不幸遭难全部牺牲，连长高丽生也在其中。后来由熊作芳和罗青长带人去才消灭了那股土匪。

1936年7月，红四方面军银行事务长伍兰英同志所在部队奉上级指示筹集干粮准备再次北上，经过黑水芦花时，有一个寨子不准他们通过，也不卖给粮食，省委派了一个妇女排去攻打，由于缺乏战斗经验，寨子没有攻下来，伤了七八个人。妇女独立团派了两个排增援，经过一个多小时的激战，才攻下了寨子。

做地方工作的女红军也牺牲了一些人，金川县撒瓦脚乡没有驻红军部队，乡政府住的工作队女同志较多，敌人掌握了这一情况后，撒瓦脚的头人派人包围了工作队，全体工作人员光荣牺牲；曾经担任过中共懋功县妇女部长的吴秀英就牺牲在金川。在丹巴（当时属金川省委管辖）也牺牲了一位妇女部长，这位妇女部长被敌人杀了13刀，死得很惨。妇女部有时出去一个排，只能回来几个人。在金川卡拉足沟的一次战斗中，一位红军女战士，英勇顽强，以双枪还击众多追去的敌人，最后到卡拉足沟口时，因弹尽而牺牲。土匪认为她是会打双枪的"神奇妖怪"。她牺牲后群众非常敬仰她，为她修了一座高大的坟墓，将她掩埋，因为当时土司头人不准掩埋红军尸体，群众为了搪塞土司头人，因此将此墓取名为"镇妖塔"，而今此墓仍然完好的存在，许多群众还经常到这里悼念这位女红军战士。

长征中女红军除了牺牲的以外，还有不少在战斗中负伤，她们轻伤不下火线，重伤也忍着剧烈的疼痛继续行军。1935年春天红军在过了嘉陵江的一次战斗中，担任过县妇女部长的吴顺英在一次突围时负了伤，为了治伤，吴顺英被送进了红四方面军三十军的医院。医生要把嵌在她肩胛骨里的子弹取出，但由于条件艰苦，没有麻药。吴顺英对大夫说："你就这样取吧！不用麻药！"大夫面露难色，不肯动手。吴顺英又说："没事，我的身体好，能挺得住。"她忍着剧痛，硬是在没打麻药的情况下，让医生取出嵌在左肩上的子弹。手术后吴顺英跟随红四方面军三十军医院长征，伤还没有好，就用绷带吊住胳膊行军，并坚持帮助大夫照顾伤病员。

三　困难重重长征路

由于张国焘分裂党，分裂中央，实行错误的南下路线，1935 年 6 月，两河口会议决定北上，1935 年 8 月在毛儿盖政治局会议上决定一、四方面军分为左路军和右路军。八月右路军过草地后，张国焘借口嘎曲河涨水，过不了河，欺骗红四方面军南下，提出"打到成都去吃大米"的口号，致使红四方面军在雪山草地历尽苦难。

由于自然环境恶劣，给红军过雪山草地带来极大困难，她们常常以极疲乏的身子攀沿在终年积雪、飞鸟难过的大雪山，行进在那凿石搭成的偏桥或危栈道上，踏入莽莽无垠吞没失足者的泥潭大草原，加之敌军的围、追、堵、截，困难是难以想象的。但红军以钢铁般的意志战胜了前进中的种种困难。

她们缺吃少穿，为了维系生命，吃过树皮、草根、梨儿叶、野菜、野果、野菌子、皮鞋、皮带、皮口袋、烂牛骨头，只要是能吃的她们都吃过，甚至在牛马粪便中选出未消化的粮食。一次，红九军政治部宣传分队队长杨登富、排长赵竹明意外地发现几堆牛马粪便里还没有消化的青稞，她们像发现了珍珠宝贝似的，也不觉得脏和臭，用双手把牛粪捧在盆里，在水里淘呀、淘呀，终于淘出来约半斤青稞，她们把这些青稞发给全排的战士，每人一小勺，大家都非常高兴。尽管是粪里淘出来的只有为数极少的几粒，虽然是杯水车薪，解决不了大问题，但在那粒粮不沾的时候，却也显得那么宝贵。

红军长征在雪山草地，由于地广人稀，物产不丰富，再加上国民党封锁物资运入，因而粮食奇缺，给红军生活上带来极大困难。广大牧民至今还记得，一支红军部队沿今红原壤口尔曲经龙日沟，夜宿于龙日格玛，其中有女红军和伤病员，由于已无粮食，全靠野菜充饥，又遭到了当地藏兵的袭击，虽然他们奋不顾身英勇还击，但终因弹尽粮绝，寡不敌众而全部牺牲。当时类似情况时有发生。

女红军们身着单衣短裤，在海拔三、四千米高的地区生活了一年多。在无补给的情况下，她们有时身着麻袋，偶尔拾来一块烂牛皮，比划着脚用刀割下，一边穿两根绳，就成了一双行军在雪山草地的"革履"。不少女红军就是穿着这样的鞋，走出了雪山草地。高原气候相当恶劣，夏季白天烈日高照，似乎离太阳更近一些，紫外线特别强，气温有时高达 40 摄氏度以上，晒得人头昏眼花，晚间温度急剧下降，一阵狂风吹来，马上就会下起核桃或鸡蛋大小的冰雹，头上身上会被砸起包块。宿营时，女红军们不得不三、五个人挤在一起，躺在潮湿的地上睡觉。夏夜正当睡得香甜时，忽然会下起瓢泼大雨来，全身被淋湿，只得又起来将被单扯起当帐篷。晚上衣服淋湿了，白天穿着它晒干，白天淋湿了，晚上又在火边烤干，这样的事简直成了家常便饭。有时甚至没有一块能睡的地方。最有意思的是站着睡觉。一方面军女红军危秀英在这样恶劣的环境里练出了站着睡的本领，还总结出了经验，四个人站着背靠背，这样几面都有依靠，既互相取暖，又不至睡着后倒在地上。

到了冬季气候更加恶劣，常常狂风漫卷，雪花飞舞，雪风吹来噎人，让你气都透不过来，甚至人都站立不稳，脸上像刀刮一样痛。一天晚上，天气十分寒冷，四方面军总医院洗衣队指导员李健和几位女同志撑起一个小小的帐篷宿营，大伙儿走了一天路，都很累了，紧紧地挤在一起，一会儿，便都睡着了。可是第二天早晨，别的同志招呼她们出发，却没有听到她们应声。大家掀开帐篷一看，李健她们已是手脚冰冷，关节僵硬，说不出话来了。同志们燃起一堆火，把她们抬到旁边，好一会儿才把她们烤醒过来。在那些寒夜里，不知有多少红军躺下后，就再也爬不起来了。

封建社会，摧残妇女，不少的妇女从小就被父母强行缠脚，女红军中有的人就是被缠过脚的，一方面军中的杨厚珍、四方面军中的王泽南等都是小脚。被称为"三寸金莲"的小脚要跋山涉水，过雪山草地，真是难以想象，在艰难困苦的长征中，女战士比男战士更辛苦，裹过脚的妇女比一般的女同志就更为艰苦了，而她们却以顽强的意志，用她们一双小脚，走完了漫漫的长征路。红四方面军妇女营政委王泽南是小脚，在长征路上她还带领工兵营第二连一百来人到第二兵站执行运输任务。她和战士们一样每人身背五、六十斤大米，有时则运输一大捆一大捆的棉纱，从没有叫过苦。在运粮途中，有时还会和军阀部队、民团遭遇，敌人在山上向她们射出罪恶的子弹，从山上推石头砸她们。走在艰险的征途上，最艰难的地方她总是严格的要求自己走在前面，在过大渡河上的铁索桥时，女战士们看见铁索左右摇晃，桥下又是急流翻滚，有的紧抓住铁索不敢动，有的干脆趴在桥面上叫喊。王泽南一双小脚，走在平路上都困难，何况过这种从未走过的桥，其困难是可想而知的了。她暗暗想：开始长征时有的领导就说我的这双小脚不能走长路，可我不相信这一套，自己强着跟部队出发了，怎能认输？决不后退。她壮着胆子大踏步向前走去，结果，步子越大桥反而摇摆度还小些，顺利地过了铁索桥。

没有一双能保暖的鞋穿，许多女红军的脚，在雪山上被冻坏，在草地那污秽泥水中被泡烂，甚至由于常常夜行军不小心踢在岩石上把脚趾踢坏。藏族红军女战士姜秀英的脚，先是被雪冻坏，后来在金川一次敌人的飞机来空袭时，她奋力跑去隐蔽，不留心，她的脚踢在石头上骨折，十指连心，其痛难忍。部队经常要行动，而且很快要北上，她着急了，因为她曾发过誓，走不动，爬，也要跟着红军爬出去。脚不好怎么办？姜秀英前思后想，作为一个藏族女共产党员，赴汤蹈火也在所不惜，何况是几个脚指头，她暗暗下了决心，从老百姓家借来斧子，咬紧牙，忍着痛，举起斧子将溃烂的脚趾砍掉。自己砍自己的脚趾，往往下不了手，这要下多大的决心啊！揪心的痛，她用土办法：用盐水洗洗，然后用破布巾紧紧地包扎起来，压迫止血。豆大的汗珠往下滴，她忍着剧烈的伤痛咬紧牙关，没有叫出声来。部队出发了，向北转移，她就拖着这双伤脚，拄着拐杖，一步步向前挪动，有时疼得厉害时就只好爬着匍匐前进。为了不掉队，她不停歇地爬呀爬，遇到敌人她就躲进草甸里。在征途中恰巧遇到了妈妈班登卓，妈妈见她这样，心疼地陪她走了一段路，秀英同志又怕妈妈为了她拖下来赶不上自己的部队，劝妈妈赶快去追赶自己的部队，以免耽误了工作。妈妈是红军的翻译（藏语叫通司），为了革命的需要，她只好忍心离开女儿，去追赶自己的部队。姜秀英就凭着她刚毅的意志，终于走出了雪山草地。

在长征中脚比什么都重要，如果脚不好，就要掉队，掉了队就会落入敌人的手里，惨遭敌人的蹂躏和残杀。我们访问过很多女红军，她们说："长征中我们最害怕掉队，所以我们总是尽力保护脚。"在长征中虽然很多女红军的脚起过泡、红肿过，甚至溃烂、瘸过……但她们都凭着刚毅的意志，跨越了千山万水，她们中有的人就是用一双缠过的小脚丈量了光辉的漫长征途。

女同志有她特殊的生理现象，但是在那转战南北的年代，她们却没有受到什么特殊的照顾，和男同志一样穿戎装，打绑腿，有的剃成光头，有的剪短发，戴八角军帽，身上背着枪驰骋在疆场。由于在长征路上不能照顾妇女同志的特殊情况，不少女同志得了妇科病，导致终身不育。

在长征途中有好几位女红军生小孩，如贺子

珍、陈慧清、张琴秋等，困难之大是可以想象的，生孩子需要休息，需要营养，在那种时候哪里谈得上这些，成天奔波劳碌。四方面军的妇女部干部李金莲，1936年第三次过草地时，就要生孩子了，草地一望无垠，妇女部的同志们只好在这高原大部队行军的道旁围成一个圈，李金莲就在这个圈中生小孩。孩子生下后，大家帮助洗裹，你给一块布，她撕一片衣襟，把降生在这大草原上的赤裸裸的婴儿给包裹起来。产妇没有吃的，妇女部的同志们每人给她抓一把青稞煮着吃。生完孩子，大家把产妇扶上妇女部长吴朝祥的马，又继续行军，风雨无阻。骑了三天牲口后，人稍微好些，李金莲就自己抱着孩子步行。出了草地到了岷州，组织上动员她："为了行军、作战，拖着孩子很不方便，希望你把孩子送给老百姓。"作为一个母亲，经过了多大的痛楚，才生下孩子，孩子是自己的亲骨肉啊！她非常心疼这刚刚出世不久的婴儿，真舍不得送人，思想斗争很激烈，但是有什么办法呢，在战争年代，怎么能带着孩子打仗呢？为了革命的需要，她含着泪将孩子送给了老乡，顾不上养育自己心爱的孩子了。

　　不管有多少艰难困苦，女红军们总是尽力克服。很多红军女战士，担负了艰巨的运输任务，她们从天全、芦山、硗碛，背几十斤重的粮食，翻越四千五百多米高的大雪山——夹金山、党岭山，把粮食运到大、小金川流域及草地，虽饥寒交迫，可她们仍严守纪律，没有一个人私自动用过一粒粮食。背粮站的站长是原张琴秋大姐的警卫员彭玉如同志。原任川陕根据地省邮电局局长的汪荣华同志也在杨以山同志带领的一个妇女运输连里背过粮。除了运粮外红军女战士还要背几十斤重的药箱、自己的简单行李及枪支弹药，抬担架，运送伤病员。一般 4 个人抬一副担架，体弱的 6 个人抬一副，从天全、芦山，过夹金山，这是非常艰巨的任务。人们赤手空拳攀登在那缺氧的高山上，呼吸都非常困难，何况还要负重。

在这样艰苦的环境里，她们总是乐观的，在这个团结战斗的集体里常常是有说有笑，没有人叫苦，没有怨言，大家总是想尽一切办法克服困难完成任务。这就是女红军们吃苦耐劳的精神。

四　革命真理的播种机

女红军进入藏区、羌寨，虽然困难重重，但她们采取多种多样形式开展宣传工作，宣传红军的政策，动员各族逃离家乡的群众返回自己的村寨，唤起各民族的觉醒，建立无产阶级政权，动员青年男女参军参战，为消灭敌人作贡献。

女红军冒着生命危险到很高的山上，向被反动派胁迫去森林里的群众喊话，宣传红军的民族政策，红军的宗旨是为干人（穷人）办事的，是自己的队伍；宣传穷人为什么几千年都穷，是因为受剥削、受压迫。要翻身就要"打土豪分田地"，"红军不要百姓交苛捐杂税"，"不当差、不交租"，各族群众听了宣传后心里想，"莫不是太阳照到了阴山上来了"。实际行动是最好最有效的宣传方式，她们不管走到什么地方都帮助那里的群众干活、担水、打扫院坝，见到老乡就亲切地叫哥哥、姐姐、弟弟、妹妹。躲进森林的群众先是找一两个精干的人，晚上悄悄地回到自己的家园窥视红军的行动，看见红军将自己家失散的牛羊牵回了家，还精心照料因为走不动而未离开家的老人、妇幼等。群众心里明白了，红军不像土司头人宣传的那种队伍，金川逃往森林里的青年妇女杨秀英见到这些，从心里佩服红军。她相信了红军的宣传，首先回到自己的村寨，在红军动员下她参加了工作组，向广大群众进行宣传。

女红军走村串户，到各家各户进行宣传，耐心细致地做思想工作，提高群众的觉悟，给群众留下了深刻的印象。至今茂县光明乡的羌族老年人，都还深深地记得有位叫谢兰芝的女红军，挨家挨户向群众进行宣传工作的情景。

女红军书写标语，向各族群众宣传党和红军的政策，大金勒乌乡王家院坝内的墙壁上端，用隶书写着很大的一幅标语："坚决创造苏区！"墙壁下端写着"打倒日本帝国主义"等几幅小标语，字写得很好，刚劲有力，这几幅标语在王大娘精心保护下，至今犹存。

据当时目睹者讲："这幅大标语是一位女红军，用半袋烟的工夫一气写成的。"原说是一位姓陈的女红军秘书写的。当我们1987年秋天到王家院坝访问时，王大娘刚去世，她的孙子告诉我们说，是女红军中的一位大学生李伯钊写的。

剧团的战士多数是女红军，她们走到什么地方，就在什么地方演出，忘却了长征的疲劳、饥饿、寒冷。她们怀着满腔的热血，为自己部队演出，为群众演出。

红一、四方面军在懋功会合时，李伯钊同志和陆定一同志合写了一支《庆祝一、四方面军会合》的歌，歌词是："一个英勇善战不怕困难多，一个战略战术很不错，我们一起会合，真快乐……"，这支歌在两方面军联欢会上演出后，在广大红军战士中流传一时。为了庆祝会合，李伯钊还在懋功的"四方台子"上跳过《海军舞》、《踢踏舞》。

她们不管山有多高，路有多远，一宿营就为红军战士演出，她们曾为驻守在海拔四千五百多米高的党岭山上的红军战士演出，使他们激动得热泪盈眶。

根据当地实际情况，女红军们自编自演节

目，有时借来少数民族服装，为少数民族演出。为了团结群众做好宣传工作，她们还采取开联欢会的形式和群众一起娱乐。金川的老百姓反映，"红军来后，天天在老街上演戏，看的人很多，热闹得很呀！那时候我们穷人的心情是多么愉快啊！"

红军女战士们还为部队筹粮；动员群众支援红军；动员青年男女参军参战。

筹粮是一项相当艰巨的任务，妇女独立团团长吴朝祥，1935年9月接受了总供给部的命令：带领一个妇女独立营在卓克基一带筹粮。她回忆："最难的是筹粮，马尔康一带的老百姓都是藏族，当时已是秋末，粮食均已收割，除高山上还有点青稞外，一无所有。"他们割青稞，敌人就用枪打他们，这样只好夜间抢割青稞。女红军们还在梭磨、大小金川、绰斯甲、黑水、阿坝等地筹过粮。据群众反映为筹粮还牺牲了一些女红军。1935年底，一次进金川新扎沟运粮的妇女独立团的女红军将粮食背到中途，遭到敌人的伏击，牺牲了一百多位女红军。她们为了部队的生存而献出了宝贵的生命。

女红军唤起了各族妇女的觉醒，许多妇女积极帮助红军筹粮，不少藏民把节余的粮食送给红军。金川县喀尔乡回族妇女马德芬当时只有十来岁，她妈妈叫她去摘野菜给红军送去，支持红军。她家里很穷，只能经常到野地里摘些枸杞芽、苦马菜、百叶草及其他一些野菜送给红军，偶尔也送点干粮去。不少妇女还为红军运粮、砍柴、背水、修水沟，黑水瓦钵梁子的藏族妇女俄满初，了解住在高山村寨的红军缺水吃，就带领群众从山上引来山泉水，并修蓄水塘，帮助红军解决了吃水难的问题。

茂县、汶川、理番一带的羌族妇女组织起来设立茶水站、缝纫组为红军服务。懋功县达维乡曾组织妇女为红军缝制冬衣。尽管雪山草地生产力低下，刀耕火种，广种薄收，产量极低，收获甚微，但生活极为清苦的奴隶娃子、贫苦农妇，都尽了自己最大努力支援红军。在红军正确政策的感召下，懋功县汉牛区热溪的千总（上层妇女）苍翠玉也派人给红军送去粮食、肉食品，以及一切能吃的食物，支援红军。各族各界妇女为红军战胜困难取得胜利，做出了很大的贡献，甚至献出宝贵的生命也在所不惜。

女红军们还动员了不少少数民族地区青年男女参加红军，壮大了红军队伍。理番县妇女部长陈再茹动员姜秀英参军，由于她的影响，姜秀英年过半百的母亲班登卓（后更名杨金莲）也带着年幼的子女参加了红军。金川县勒乌乡来了三位缠过脚的女红军，动员龙正英和姐姐龙秀英及兄弟等五人参加了红军。一位女红军在金川喀尔乡德胜村动员那里的群众参军，把全村青年、妇女都动员去参加了红军，群众反映这位女红军真能干。理番县朴头乡的周金莲已是两个孩子的母亲，她毅然离开孩子参加了红军。红军们将革命火种燃遍雪山草地，融化了这几千年的冰封世界，唤起了长期受封建统治阶级统治的各族人民的觉醒。受压迫最深的妇女，踊跃参军、参战，她们中有年过半百的老阿妈、健壮的中年妇女、幼儿的母亲、年轻的姑娘以及少年女孩。还有不少母亲送子女、妻子送丈夫参加红军的动人情景。她们参加红军，为红军筹粮、修路，当向导、翻译，做宣传工作等等，起了很大作用，为此有的献出了宝贵的生命，有的因病、因故流落异乡，历尽艰险。截至目前我们寻访到的仅有杨金莲、姜秀英、姜萍、邓宇兰四位藏族女红军走出雪山草地，新中国成立以后她们都在各自的工作岗位上努力工作，前进在新长征的路途上。目前尚健在的仅有姜秀英、姜萍两姐妹。这些女红军们是雪山草地各族妇女的先驱，她们在革命危难关头参加红军，实为可贵，为中华民族的自由解放作出了应有的贡献，我们为有这样的革命前辈而感到无比自豪。

第二章　各级妇女组织及
妇女参政人员情况

　　1935 年 5 月上旬，红四方面军妇女独立团及所属部队机关、后勤等部的女红军进入川西北高原。为了发动少数民族地区受压迫最深的各族妇女起来参加革命斗争，并支援红军过雪山草地，首先在川康省委领导下，在茂县、汶川、理番几县建立了妇女组织，随即开展了妇女工作。1935年 10 月，中共金川省委成立后，相继成立了中共妇女部及少共妇女部。在金川流域所辖各县亦成立了妇女部，以便开展民族地区的妇女工作。

　　松潘镇江以南、黑水南部均只组建了区级苏维埃。草地的阿坝县仅组建了"特区人民政府"，相当县一级建制。红军在雪山草地期间，由于居住分散等各种原因，像若尔盖、红原、阿坝、壤塘、松潘几县，就未建立妇女组织。红军未涉足地区，如南坪也没有建立妇女组织。

我们搜集到的县级以上的妇女部及有妇女参政的地区有金川省委、茂县、汶川、理番、懋功、绥靖、崇化、丹巴（原属阿坝州，现归甘孜州管辖）、绰斯甲。马尔康、黑水等地未查实。

建立了区、乡妇女组织及有妇女参政的区、乡，现搜集到的有：汶川、理番、黑水、金川、绥靖、崇化、懋功、马尔康。茂县、丹巴尚未搜集到。若尔盖、红原、阿坝、壤塘、南坪、松潘等县未建立妇女组织。

现将各级妇女组织及妇女参政情况分述于后：

中共金川省委妇女部部长： 　吴朝祥

少共金川省委妇女部部长： 　李富德

　　　　　　　　　　　　（现名李萍）

茂县妇女部部长： 　吕明珍

中共汶川县委妇女部部长： 　李玉兰

理番县妇女部部长； 　陈泽茹

　　　　　　　　　　　　（现名陈再茹）

中共懋功县委妇女部部长： 　何莲芝

　　　　　　　　　　　　（后为吴秀英）

中共崇化县委妇女部部长： 　陈泽茹

　　　　　　　　　　　　（现名陈再茹）

中共绥靖县委妇女部部长： 傅文翠

中共丹巴县委妇女部部长： 熊明珍

少共汶川县妇女部部长： 曾学珍

少共崇化县委妇女部部长： 熊明珍

（后为李文秀）

少共绥靖县妇女部部长： 赵桂英

（现名赵光）

少共懋功县妇女部部长： 赵玉香

少共丹巴县妇女部部长： 朱德云

少共县妇女部部长： 罗志清

红军在汶川县建政女委员名单

中共汶川县委员会于 1935 年 6 月建立

中共妇女部部长： 李玉兰（红军）

少共妇女部部长： 曾学珍（红军）

中共下庄区委员会

中共妇女部部长： 唐忠秀（红军）

中共和平区委会

中共妇女部部长： ×××（红军）

和平区苏维埃政府

妇女部部长： ×××（红军）

红军在理番县建政女委员名单

通化区苏维埃政府

妇女代表： 刘明娣

上孟乡苏维埃政府

　　妇女代表：　　　　　　　　　阿日拉姆

下孟乡苏维埃政府

　　妇女代表：　　　　　　　　　文秋秋

桃坪乡苏维埃政府

　　妇女代表：　　　　　　　　　张姑娘

甘堡乡苏维埃政府

　　妇女部部长：　　　　　　　　赵玉莲

红军在黑水县建政女委员名单

瓦钵梁子区苏维埃政府

　　妇女委员：　　　　　　　　　苏南木初

　　　　　　　　　　　　　　　　俄满初

俄苏梁子苏维埃政府

　　公务员：　　　　　　　　　　巴斯基

　　　　　　　　　　　　　　　　日斯满

　　　　　　　　　　　　　　　　日斯巴基

红军在阿坝县建政女委员名单

县苏维埃政府

　　主席：　　　　　　　　　　　俄　妞

红军在金川建政女委员名单

金川省委（又名大金省委）

　　裁判部部长：　　　　　　　　曾广澜（红军）

妇女部部长： 　　　　　　　　吴朝祥（红军）

少共妇女部部长： 　　　　　　　　肖成英

　　　　　　　　李富德（红军）

格勒得沙政府

妇女部部长： 　　　　　　　　李富德（红军）

回民苏维埃政府

宣传委员： 　　　　　　　　许大姐

妇女委员： 　　　　张安珍　蔡二姐

　　　　　　　　杨四娘

绥靖县苏维埃政府

宣传部部长： 　　　　曾三姐　马三姐

妇女部部长： 　　　　　　　　杨秀英

　　　　杜鹏翠　赵三娘

　　　　　　　　刘大姐

内务部部长： 　　　　　　　　周六嫂

第二区苏维埃政府

内务部部长： 　　　　王大姐　毛二姐

第三区苏维埃政府

妇女部部长： 　　　　　　陈泽茹（红军）

第四区苏维埃政府

妇女部部长： 　　　　　　　　彭安明

内务部部长： 　　　　　　　　贺大姐

第五区苏维埃政府

宣传部部长： 　　　　　　　　韩大妹

妇女部部长： 　　　　　　　　曾三姐

崇化县苏维埃政府

  土地委员：   刘清珍

  少共妇女部部长：   王文秀

第二区苏维埃政府

  妇女部部长：   王文秀

第三区苏维埃政府

  妇女部部长：   潘家二婆婆

安顺乡苏维埃政府

  妇女委员： 黑陈妹 张二娘

           曾家婶

炮台乡苏维埃政府

  妇女委员：   王大姐

乃党乡苏维埃政府

  主 席：   刘大姐

金江乡苏维埃政府

  妇女委员：   施秀英

复兴乡苏维埃政府

  宣传委员：   季四姐

  妇女委员： 朱大姐 高狗妹

德胜乡苏维埃政府

  宣传委员：   潘长妹

  妇女委员： 谢德明 王春秀

五甲乡苏维埃政府

  少共委员：   魏世珍

妇女委员：　　　　　　杜二姐　龚大姐

一乡苏维埃政府：

主席：　　　　　　　　　　　徐瑞芳

土地委员：　　　　　　　徐瑞芳（兼）

宣传委员：　　　　　　　　　徐桂芳

妇女委员：　　　　　　姚幺妹　曾三姐

二乡苏维埃政府

妇女委员：　　　　　　马三姐　嘎巴

粮食委员：　　　　　　　　　赵玉玲

三乡苏维埃政府

儿童团队长：　　　　　　　　胡普容

妇女委员：　　　　　　　　　侯二姐

内务委员：　　　　　　　　　肖大姐

四乡苏维埃政府

妇女委员：　　　　　　　　　杨四姐

五乡苏维埃政府

妇女委员：　　　　　　　　　赵大姐

崇化县一区下设二乡苏维埃政府

委员：　　　　　　　　　　　宋二姐

崇化县二区下设一乡苏维埃政府

妇女委员：　　　　　　　　　毛大姐

二乡苏维埃政府

妇女委员：　　　　　　王章珍　贾××

三乡苏维埃政府

主席：　　　　　　　　　　　苏金花

妇女委员： 韩大姐

三区下设一乡苏维埃政府

妇女委员： 毛三娘

四区下设一乡苏维埃政府

委员： 金行玉

妇女委员： 金大姐

二乡苏维埃政府

妇女委员： 马××

青年代表： 肖大姐

绰斯甲县苏维埃政府

妇女部长： 泼远阿根

三躺切木初

红军在懋功县（今小金县）建政女委员名单

中共懋功县（今小金）委会

中共妇女部部长： 何莲芝

妇女干事： 吴秀英　宋满珍

各级苏维埃政府

达维区苏维埃政府

委员： 刘二姐

土地委员： 张大嫂　查　巴

石纳斯满

八角乡苏维埃政府

宣传队员： 邓宇兰

木坡乡苏维埃政府

土地委员： 赵老婆子

猛固、兰山乡苏维埃政府

土地委员： 杨国珍

美诺乡苏维埃政府

妇女代表： 刘玉珍 张二嫂

窝底乡苏维埃政府

粮食委员： 罗大姐

第二次成立乡苏维埃政府

主席： 杨福珍

红军在马尔康县建政女委员名单

党坝二乡苏维埃政府

委员： 班马初、南卡初（藏族）

嘎尔年、班马初（藏族）

妇女部部长： 哈木初

党坝三乡苏维埃政府

妇女部部长： 梅升·章英（藏族）

党坝四乡苏维埃政府

委员： 巴拉·任责尔章（藏族）

党坝五乡苏维埃政府

妇女部部长： 美古·海章（藏族）

脚木足乡苏维埃政府

委员： 夏巴·克斯满（藏族）

梭木乡苏维埃政府

妇女部部长： 阿贡·泽斯初（藏族）

妇女部副部长： 净多·波洛（藏族）

卓克基乡苏维埃政府

妇女部部长： 安达·西谢（藏族）

松岗乡苏维埃政府

委员： 李洪鸣 洪香香（藏族）

第三章 支援红军

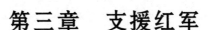

一 各族妇女齐觉醒，团结一致为长征

雪山草地在新中国成立前，是封建农奴制的社会。各族人民，特别是劳动妇女，她们承受着繁重的劳务，受尽残酷的压迫、剥削、凌辱，过着非人的生活。

她们是土司头人的奴隶娃子，是奴隶主的生产工具，只能当牛作马，没有人身自由和一切权利，任人宰割。世世代代、祖祖辈辈沿袭下来，做奴隶的永远是奴隶，她们的思想受着几千年的封建传统观念束缚，忍受着无以复加的痛苦，挣扎在苦难之中。

1935年初，红军进入雪山草地前，反动派造谣蛊惑人心，什么"红军要共产共妻"，"红军是长了八只角角的妖精"，"红军要杀人放火"，恶毒攻击红军是"霉老二"、"赤匪"，红军尽是些"赤发绿眼的怪物"等等。

阿坝草原的麦桑土官把群众通通赶走，还威胁群众，谁要与红军接近，就剥皮抽筋，鸣锣示众。各族群众因不明真相，纷纷躲进了深山老林。开始，妇女们因受反动宣传的影响，对红军存在恐惧心理，也有的半信半疑，但由于农奴主的威吓，她们也不得不离乡背井，躲藏起来。

红军进入雪山草地后，脚迹遍布雪山草地的农区、牧区、半农半牧区。红军沿路经过了茂县（今茂汶县）、汶川、理番县（今理县）、马尔康、懋功（今小金县）、金川地区（包括当时绥靖、崇化、丹巴、绰斯甲等地）、红原县、若尔盖县、阿坝县、黑水县、松潘县、壤塘县。

红军所到之处，严格执行民族政策，采用各种形式宣传红军和中国共产党的主张，并到深山老林喊话，宣传"红军是穷人的军队"，"红军是为了解放穷苦人民、打倒国民党和地主豪绅反动派而来的"，"红军只打土豪劣绅，不打穷人"，"红军一不收款、二不纳粮、三不上税"，"打倒一切苛捐杂税"，"打倒卖国贼蒋介石"。除喊话宣传外，还在各地岩石上錾刻标语口号，"男女平等"，"青年妇女结婚离婚自由"，"夷、番、回各族同胞团结起来消灭蒋介石"，"打倒军阀刘湘"，"坚决建立苏维埃政权"等，各族群众经宣传后，纷纷返回了村寨。红军把回到寨子的群众请来开会宣传党的民族团结平等政策，讲明各族人民都是平等的一家人，共产党、红军是领导抗日救国的。女红军还深入到每户人家，串门进行宣传，群众印象很深。

新剧团的红军们，为了唤起群众的觉悟，根据当地群众受剥削、受压迫的情况，自编自演节目，借来当地少数民族服装、道具演戏，演的戏很受当地群众的欢迎，也让群众深受教育。他们还和当地群众联欢，蒲溪乡的军民联欢会上，几百羌族群众参加，其中也有不少妇女，二百多位红军中女红军就有一百多人。川康省委妇女部巡视员、女红军赵正富同志，住理番县时，还认了一位藏族老阿妈为干妈，认老阿妈女儿为干妹，军民关系逐渐融洽了。

女红军用自己的实际行动教育并影响着广大农牧民。红军到黑水县桃支寨时，全寨能走的人都跑光了，只剩下藏民泽尔旺的婆婆吴马之，因为她是瞎眼不能跑，住在她家的女红军把她当亲人，每天给老人送饭、送水，精心照顾。原黑水瓦钵梁子大瓜子寨陈克基的妈妈患严重的"辣子病"（一种难治的传染病），她和一个仅三岁的小孩未跑，红军把她当亲人照料，安排战士、医务人员专门护理、治疗。由于女红军们所做的一切，感动了少数民族同胞，他们逐渐回家了。

草地阿坝县藏族老阿妈求拖老人回忆说："我看见红军官兵一样，平易近人，说话和气，他们是好人，根本不是土司头人说的那样。一天早上我去沟边背水，看见许多红军在用盅端水，我情不自禁地说：'红军娘结！'（藏语：'红军好可怜啊！'）这话被一个懂藏语的红军听见了，便叫'依母（女同志），把你家的水桶借给我们抬抬水可以吗？'他们叫我'依母'，这称呼当时我听着是多么亲近啊！我说：'好，把桶拿去吧！'红军用了一会儿就把桶还到我家来了。"还桶来的红军向她宣传不要受土司头人的欺骗，红军是穷人的队伍。求拖说："我也是一个女人，为什么红军没有把我拖走，他们一不打，二不骂，又不抢女人呢？真是好人！"过了几天求拖上山砍柴，对藏在森林里的群众说："我见到红军了，他们真是好人，有的还懂藏话呢！是我们藏家的军队。"后来，躲在森林里的群众纷纷回到寨子上来了。

巴西有位藏族姑娘阿娜，红军经过巴西时，她正患重病，没有随大人一起进山躲藏。红军在寨子里发现她后，马上请军医给她治病，给她东西吃。阿娜亲身体会到红军不像胡宗南、马步芳的队伍，红军官兵一致，爱护穷苦老百姓，红军翻译给她讲解革命道理，请她去向群众宣传。"红军是穷人的队伍，不会杀人放火的"。在红军的宣传动员下，跑到山里的群众逐渐回家了。阿坝州各族妇女对红军逐渐熟悉和了解了，当红军要离开巴西时，阿娜本想参加红军，但由于身患重病，没有跟红军走，红军离开巴西时，她依依不舍，大哭了一场，过了很长一段时间她还非常怀念红军。

红军的政治工作做得深入细致，深入人心，逐渐消除了民族之间的隔阂，使广大妇女和红军的关系十分融洽。当红军领导提出，为了更好地做好民族工作，进一步加强民族团结，红军和藏族联姻时，大金省委书记、联邦政府主席邵式平经省妇女部部长介绍带头和藏族妇女杨秀英结婚，相继有五位领导也和三躲切木初、阿根等五位藏族姑娘结了婚。结婚那天五位领导骑着马来迎接，和五位姑娘一起骑马到了绥靖，当天夜晚大家庆贺，非常热闹，虽然没有什么大酒大肉，只喝了点汤，但大家却很高兴。以后格勒得沙革命政府主席克基，1936 年 1 月与红四方面军妇女独立团警卫连唐连长结婚。红军姜春南是格勒得沙中央政府秘书长，他与藏族姑娘俄满结了婚，婚后两人感情很好，可惜后来这对夫妻在金川照壁山工作时，被反动派包围杀害了。他们的结合，进一步加强了民族团结，使群众和红军的关系更密切了，红军和各族人民建立了深厚的感情，几千年来的民族隔阂，有所缓解，这对红军长征取得胜利起了积极作用。

二 各族妇女积极支援红军

由于各族妇女懂得了红军的民族政策，而且见到了那么多的女红军为革命献出自己的生命，女红军的行动，唤醒了各族妇女求解放的思想，他们的觉悟不断提高，认识到自己的价值，不愿再为土司头人做牛马，逐渐认识到穷人为什么穷的道理。他们从内心里拥护红军，愿意支援红军，为红军办事。

红军的历程是相当艰巨的，川军的围、追、堵、截，反动地方民团的明枪暗箭，不时还有敌机飞来轰炸。红军既要行军，又要打仗，而且是行进在这从未走过的怪石嶙峋的山路上，在道路不熟，且很难行走的情况下，很多繁重的运输任务都由当地人民自觉地承担起来。他们组织担架队，转运伤病员，组织运输队，为红军运送各种军需物资和弹药。茂县城西、渭门一带的群众，积极为红军运粮到土门和通往松潘的要道较场、松潘等地。仅木尔寨一个寨子经常就有五十多人带着十多匹牲口参加，不少妇女也积极主动为红军搞过运输，农民杨永清的母亲亦参加过支援红军的工作。

红军路过茂县、汶川、理番等地羌族居住的山寨时，妇女们组织起了洗浆队，设立了茶水站，为红军端茶送水，洗涤脏物，并为红军缝补破烂衣物，使红军们感到犹如在家一般。红军到懋功后，一些妇女同样组织起来帮红军吊羊毛，搞编织，洗浆军衣、裤。苏维埃委员卡拉长命请来裁缝师傅，通知懋功达维街上心灵手巧的各族妇女，集中在古家屋里为红军赶制或缝补衣裤。总之，红军需要什么，她们就做什么。

红军进入藏区后，受到教育和启迪的妇女们亦积极热情地为红军办事。红军驻在马尔康松岗地区时，当地藏族姑娘伍香香、南木江、哈木特、周枝枝，都是十七八岁上下的年轻人，她们讲："当时看见很多女红军住在松岗，一个个都长得身强体壮、漂漂亮亮的。"这些藏族姑娘都是穷苦人，红军来时她们没有进山躲藏，还和当地群众一道，打着旗子欢迎红军，女红军们和她们年龄相似，心也相通，而且她们也听得懂一些汉话，所以女红军来后向他们宣传"红军是穷人的队伍"，她们相信了，成天跟随女红军做些力所能及的事。那时这些穷苦的藏族姑娘没有吃的，女红军们吃什么就给她们吃什么，她们和女红军们一起住，一起吃，共同生活了三个多月。女红军还常常教她们说汉话，教她们唱红军歌，她们同女红军像亲姐妹那样，那时候她们有多高兴啊！几位藏族姑娘，每天忙着为红军打柴、背水、推磨、做饭，还帮女红军找来破旧衣物或麻，撕成巾以便打偏耳子草鞋时用。她们还为红军筹粮、割粮食，红军给她们的报酬是铜圆，给过南木江家一串珊瑚珠子。她们和女红军建立了深厚的阶级感情，当红军要离开松岗时，她们依依惜别，难舍难分。

觉悟了的藏族妇女，不怕敌人的威胁，不怕杀头，她们决心要把红军的民族政策向广大群众宣传，让大家一齐起来推翻反动统治者的压迫和剥削。金川县沙尔乡妇女郭春花和爱人严伯和，积极帮助红军贴标语口号，标语上写着"老百姓别害怕，我们是红军队伍，不拿群众一针一线"。红军看见他家很穷，还送给他们几双鞋子，后来土司头人知道郭春花为红军办事，便将她抓去，押到涨水坪杀害了，房屋也被烧毁，严伯和只好带着五个孩子到处流浪，四个孩子活活地被饿死、冻死、病死，最后只剩下一个孩子，新中国成立后，严伯和才回到家乡安居乐业。

民以食为天的道理人人皆知，雪山草地的各族人民深知红军的困难，尽力帮助红军筹措粮草，即使冒着生命危险，各族妇女也在所不惜。

当年红军在马尔康草登斯尼村筹粮时，藏族妇女泽躲，积极帮助红军筹粮，保管粮食。天刚亮筹粮的红军就到各村寨寻找粮食，晚上把找到的粮食集中到代基和斯尼两个村。泽躬回忆说她和一位断了左手的红军大姐担任斯尼村的保管，她们保管成捆的枪和许多粮食。后来红军离开斯尼时，送给她半包马茶（一种带杆的粗茶）、三斗青稞、三斗玉米和一件军大衣，并请她代红军向草登的百姓道谢。

党坝格尔威村，可尔连、南康初（藏族妇女）也曾经积极为红军背运过粮食。

很多妇女虽然自己家境贫困，缺吃少穿，但见红军从远方来到雪山草地，没有吃的，她们就解囊相助把家里仅有的一点粮食送给红军。汶川县龙溪乡羌族妇女何德秀，尽管家里很穷，她仍将仅有的一点粮食送给红军。金川县安顺村回族妇女张二娘，在红军来之前，因受反动谣言影响，将家中的粮食藏在自家的地窖里，后来她知道红军是自己人，是穷人的队伍，见到红军没吃的，主动取出粮食送给红军，以解燃眉之急。有的妇女为了给红军筹措粮食还牺牲了自己的生命。懋功县（今小金）纪英乡冒水村杨二姐和爱人刘树清，长征前在冒水河坝开磨房，红军到懋功后建立苏维埃政权时，刘树清被群众选为村苏维埃筹粮委员，杨二姐积极支持丈夫工作，刘树清带领游击队员搜出反动土豪劣绅代天长、古元中、李玉贵等人藏在森林中的粮食、牲畜，杀掉了杨春普土司的牦牛。杨二姐一家积极为红军筹粮，帮助红军磨面，向红军提供肉食，为此遭到反动派的怀恨，反动派多次想寻机报复未敢动手。1935年7月下旬，红军大部队北上，留下少数部队巩固地方政权，此时，代天长等人认为时机已到，便勾结杨土司，组织反动民团十几人，由代天长带领人去将杨二姐一家包围，并将其全家五口人五花大绑押出家门，说是去见杨土司。走到离杨二姐家约两千五百米的冒水孔山岩时，敌人首先举刀将杨二姐砍死，然后将其丈夫刘树清砍死，并把尸体摔下岩去，杨二姐的两个女儿也被敌人活活地推到山岩下摔死。儿子刘宗富年仅13岁，见此情况，他宁死不屈，心想与其你们把我摔下去，不如我自己跳下去，他横了心说："你们不要动手，我自己跳！"说着便跳下了岩，幸好被一根树丫枝挡住未被摔死，当晚刘宗富待敌人离开后就跑到苏维埃报告了全家被杀的情况。在那里刘宗富见到了他的外祖父，大家商议，如将刘宗富留下，敌人势必要斩草除根，刘宗富一定会被反动派杀害，于是由外祖父做主，送他去参加了红军。从此十三岁的刘宗富，带着沉痛的心情，离开了家乡，离开了亲人们，随红军北上抗日。新中国成立后刘宗富同志在包钢白云鄂博铁矿担任领导工作。

各族人民在红军经过雪山草地时，尽全力支援红军，为红军提供粮食约一千多万斤，牲畜二十多万头，同时还筹集了大批畜皮、野兽皮及牛、羊、毛、麻等，有力地支援红军走出了雪山草地，取得长征胜利。雪山草地各族各界妇女对革命是有贡献的。

三 各族妇女积极参军、参政、参战

红军到雪山草地后，做了大量的宣传工作和组织工作，使各族受压迫最深的妇女认识了自身的作用，她们逐渐觉醒，砸碎了几千年封建统治的枷锁，冲破神权、宿命论等思想的束缚，像融化了的冰川，以排山倒海之势涌向革命阵营。她们积极要求参加红军；积极在苏维埃政府工作，为红军办理各项事务。

红军在少数民族地区开展工作，需要翻译、向导、运输、筹粮等等，同时需要通过教育广大劳动人民以扩大革命影响，推翻统治阶级压迫剥削，所以所到之处他们都尽力动员当地青年参加红军。他们贴出文告、錾刻标语："参加红军，打倒日本帝国主义，不当亡国奴！""工农穷人们为自己的解放快快参加红军！"还列出参军十大好处向各族群众宣传。

女红军们深入到各村寨，做深入细致的宣传动员工作，直到现在群众还记忆犹新，一些老年人回忆说："金川县咯尔乡来了一位妇女部长，因为声音沙哑，大家暗地里叫她"哈哈部长"，

她向大家宣传，'我们都是爱国的，红军要打倒日本帝国主义'，很多青年妇女都被她动员去参加了红军，陈三爸的媳妇李幺姐，杨洪远的女人季四姐，邓家沟的火妹三姊妹，五甲村的邓金华邓四妹，还有邓金惠、马国芝、马显文的妹妹马三妹，都参加了红军。"至今群众还反映说："哈哈部长工作很得力，她把德胜村的青年妇女都动员去参加红军了。"仅金川县参加红军的就有一千余人，妇女大约占百分之三十。其他茂县、理番、懋功、松潘、马尔康等地均有不少妇女参加红军。理番县藏族妇女班登卓（汉名杨金莲）和两个女儿姜秀英、姜萍，儿子唐子全参加了红军，班登卓参加红军时已是年过半百。这位刚强的老人为红军当翻译，当向导。类似情况各地均有，那时父母送子女，妻子送丈夫，姊妹俩参军，全家参军的不计其数。

女红军帮助各族妇女认识到过去为什么受压迫受剥削，使妇女们懂得了革命道理，诚心诚意地拥护红军的政策，要求改变几千年受压迫、受凌辱的地位。她们积极参加苏维埃工作。红军所到茂县、汶川、理番、懋功、金川，建立了县、区、乡苏维埃政权。马尔康、黑水、阿坝、松潘以南部分区、乡、村建立了苏维埃政权。金川成立了省委，建立了藏族人民自己的政府格勒得沙政府，各族妇女积极参政。

各地参政妇女约有一二百人，有担任金川格勒得沙政府妇女部部长的杨秀英；绥靖县苏维埃妇女部部长杜鹏翠、赵三娘、刘大姐；宣传部长曾三姐、马三姐、杨秀英；内务部长周六嫂。她们都是当地贫苦农民或是家人、娃子（即奴隶）。如今，她们个个扬眉吐气，在党和红军的领导下，充分发挥了妇女的作用。

她们中还有担任区、乡、村苏维埃主席、内务委员、粮食委员、裁判委员、儿童团队长、宣传委员、宣传队员、土地委员、鲜花队长、少先队长、妇女部长、少共妇女部长、妇女委员、妇女代表、青年代表的。她们不畏强暴，积极参加苏维埃工作。松潘镇坪张二姐，过去常常被团首岳钟灵欺负，遭鞭打游街，1935 年红军来后，她当了苏维埃代表，积极为红军做事情。觉醒了的各族妇女，为红军筹粮、带路、当翻译、参军、参战，作出了应有的贡献。

各族妇女积极参战，在战斗中勇往直前不怕牺牲。金川万林乡二甲村龙正英参加红军后，编在女兵三班，班长叫吴海珍。龙正英和女兵班的人去庆宁购粮，听说一座寺院里有粮食，她们去侦察情况，被一个哑巴和尚用大扫帚将她们赶出来，后续部队赶来，她们马上报告了侦察到的情况，后续部队的同志按侦察到的情况去取窖藏的粮食，敌人和她们打起来，龙正英积极参战，在战斗中她右眼上方和右肩被敌人砍伤，战友们把她救护下来，送到金川老街红军医院治疗。后来因伤势严重，组织上决定将她留在金川。

金川妇女谢德全，1935年参加红军，12月在扣家碉岔口打土匪时牺牲，牺牲时才十九岁。

仅茂县、金川、懋功，在长征时期牺牲了的红军烈士知其名的就有：茂县的潘胖娃、懋功的满姐、金川的夏察容中等13人，茂县、理番、马尔康、金川等县参军后杳无音信的藏、羌、回、汉各族女红军共27人。还有无数无名的各族妇女，参加长征时牺牲，埋藏于雪山草地。

四 反动派疯狂反扑，各族妇女遭劫难

红一方面军由于北上抗日于1935年秋离开雪山草地，二、四方面军1936年6月，也逐渐离开雪山草地。红军离开雪山草地后，各族支援过红军的群众和苏维埃各级干部，惨遭杀害。金川县撒瓦足乡嘎卡沙尔江，1935年参加红军任妇女委员，1936年被反动派杀害。茂县前锋乡水西大队唐氏1935年7月参加红军，后惨遭本村反动派杀害。松潘女委员尕木初参加了红军，行军至毛儿盖掉队，在返回松潘的途中，被土匪剥光衣服凌辱，她失去了反抗能力，被迫跳河自尽。有的参加过红军或在苏维埃政府工作过的妇女，在本地无法生存，只好离乡背井出外逃生，历尽人间

沧桑。松潘县镇坪村，苏维埃代表张二姐，在红军来后被群众选为乡苏维埃委员，她积极为红军办事，当红军北上后，她无法在本地生存，便离乡背井逃到绵竹县，以背运为生。

五　各族妇女尽力掩护失散红军

雪山草地上的各族妇女同红军结下了深厚情谊，她们亲眼见到这支队伍为穷人办事。当反动派企图阻止红军前进或是杀害失散红军时，她们总是冒着风险，为红军送信、送衣物、送食物，帮助他们跟上自己的队伍，为他们养伤治病提供方便。她们总是设法尽力保护红军，或认作子女，或招赘为婿。失散在雪山草地的几百位红军中有一百多位女红军，之所以她们能够生存下来，就是雪山草地各族善良的劳动人民保护了他们，尤其是各族妇女。

1936 年 7 月，红军杨万银单独外出执行任务回到金川安顺村回族张二姐家时，他所在的部队已经撤离。他刚进屋，就听见川军邓锡侯的军队挨家挨户在搜查。敌人布下了天罗地网，在这种紧急的情况下，他暂时无法去追赶自己的部队。张二姐为人泼辣，有胆有识，她冒着杀头的危险，随即将家里一个尖底背篼翻转来，把杨万银扣在里面，自己坐在背篼上吊羊毛。敌人真的到她家来搜寻，她不惊不慌，镇静自若，巧言和敌人周旋，任随敌人在她家翻遍，她稳坐不起来。等敌人搜查走后，张二姐做了馍馍和干粮送给杨万银，又带路指点，让他去追赶自己的队伍，按她指点的路，杨万银没有再遇到麻烦，赶上了自己的队伍，走出了草地。新中国成立后杨万银被分配到当年长征时经过的理番县米亚罗川西森林工业管理局任第一任党委书记，以后又调大金（即金川）森工局工作，并找到了当年救过他的张二姐一家。几十年过去了，这位老红军的地位虽然变了，但他还是那样平易近人，大家见面后叙起往事非常亲热。杨万银调成都工作后，还将张二姐和她的老伴接到成都治病，两家人常来常往，情谊十分深厚。

红军1935年8月离开汶川后，反动团防局派了一个班在龙溪东门口偏桥处抓捕、杀害掉队红军。这里位于杂谷脑河东岸，两边是悬崖峭壁，河谷水深流急，宽50多米，河的东岸岩壁上只有一条栈道可以通行。红军大部队经过后，留下了一批伤病员及做善后工作的人员，到杂谷脑时必须经过这一偏桥。万恶的团防局团丁在此设卡，半月内即杀害红军一百多人，真是惨不忍睹。杀人时团丁们轮流砍杀，无论砍死与否，都一脚踢到几十米深的河谷中。团防局为了恐吓群众，扑灭革命火焰，抓到红军几天不给饭吃，不给水喝，五花大绑吊在树上，鸣号示众，有的匪徒刀都砍缺了，最多的一次，杀害了 45 位红军，血流成河。一天，有一位带着个四五岁小孩的女红军战士，团丁将其押至偏桥处，举刀砍伤她后，又残忍地用脚将她们母子二人踢下河。负伤的母亲在河水中挣扎，痛不欲生地大声哭喊孩子，孩子也大声惨叫哭喊着妈妈，听到这撕裂肺腑的喊声，连在场的一些团丁都流下了眼泪。群众强忍着怒火，擦掉泪水，化悲痛为力量，永远铭记着被反动派残酷杀害的烈士们。

这些骇人听闻的罪恶事实，更加激起了各族妇女对反动派的憎恨，对红军的无限同情。一天，离偏桥不远的龙溪乡黄家坝一位掉队的女红军，正被团防局的团丁追赶，她实在无处躲藏，跑进了羌族大娘许妞妞的家。许大娘见到这位女红军后，冒着杀头的危险掩藏这位女红军，她机智地从床上取下一床草垫，将女红军紧紧地裹在里面，立在门背后，团丁追赶来到许大娘家搜查，搜遍全屋也未搜到，只好骂骂咧咧地走了。天渐渐黑了，到了晚上许大娘拿出自己做好的馍馍，把这位女红军送上路，给她指明去向，让她去追赶自己的部队。

失散在汶川绵池乡的女红军汪桂香，苍溪县人，12 岁参加红军，是少先队员。长征时部队走到理番县木堆，突遇国民党飞机来轰炸，她和另外两位小红军躲藏在老百姓家的地窖里，待飞机飞走他们出来时，大部队已离开，不知方向，他们信步沿路走，一路上都有老百姓送馍馍给他们，还有的送玉米面蒸蒸（一种用玉米粉做的饭）。后来走到绵池的羌峰，遇到团丁，万恶的团丁将那两位男红军杀害，正要杀害她时，有位叫高辉庭的老大爷赶紧前来为她说情："她是个小女娃娃能做什么啊！就饶她一命吧！我把她保下来！"这样，汪桂香才在虎口里得余生。好心的高辉庭冒着杀头的危险收留了汪桂香，并让她住在他家。汪桂香长大成人后经人介绍与当地农民汪朝义结为夫妻，在山区安家落户了。

失散在黑水县芦花镇的女红军蒲素珍，是平昌县德胜乡人，1933年入伍，是妇女独立团战士，曾任班长、排长。1935年，她在毛儿盖求洛寨被国民党军包围，后被俘押送到松潘县关在大神庙内听候处理。一天，蒲素珍偷偷地逃了出来，往黑水方向逃去。走了一段路，她跑到一家开磨房的张大娘家，好心的张大娘心疼地将她保护下来，当作女儿对待，以后蒲素珍与黑水居民周子瑜结婚，现仍在黑水县芦花镇居住。

中壤塘容尼老阿妈一家救了一位病情严重的女红军。一天，容尼的哥哥求洛从牛奶场到农区弄粮食回家，在查托沟里一棵树下，见到了一位病重的女红军，大约十七八岁，求洛把粮食送回家中和家里人商量："我见到了一位女红军，病很严重，她是从很远、很远的地方到我们这里来的，她家里一定还有父母啊！我们应当设法把她救活。"容尼及她爱人听后都很同情这位女红军，同意求洛将她背回家中治疗。容尼请来藏医给她治病，当作女儿对待，给她取了个藏名"甲果"，还天天给这位女红军喂牛奶，喂酥油茶，一个月后女红军的病逐渐好了，她很感谢容尼一家救了她，就叫容尼是阿妈，叫容尼爱人是阿爸。这位因病与队伍失散的女红军在容尼家住了四五年，学会了晒青稞、挤奶子、捻羊毛、晒牛粪（牛粪晒干后作为燃料），同他们建立了深厚的感情，有时容尼出远门很久没有回来，她都非常想念，还要伤心地哭鼻子呢。容尼给她缝制了三件羔羊皮袄和藏族服装，给她做藏靴，把她当作亲生女儿对待。

后来牛奶场来了一个做生意的汉人，这个女红军大约跟他走了，走时她只拿了一件羔皮衣服和一个约五六斤重的酥油坨及两双旧靴，走前她把家里打扫得干干净净，收拾得整整齐齐。等容尼阿妈回到家时不见甲果，看到家里还有那么多东西，给她做的新羔羊皮衣等都没带走，就心想她在路上一定要冻坏、饿坏，容尼老阿妈痛哭了一场，至今想起这件事老阿妈还在流泪。

红军1935年离开茂县，进入藏区后有一批伤病员掉了队。红军女战士李永珍，因害疟疾跟不上部队，为了躲过敌人搜查，她只好白天躲在山上，晚上出来找野果吃。一天她走到南新乡的吉鱼寨，遇到羌族胡大娘，胡大娘很同情她，将她偷偷地收养下来认作干女儿。胡大娘的丈夫支援红军，给红军抬担架、运粮，一去未回，之后胡大娘与李永珍就相依为命，在那里以种庄稼务农为生，从此，李永珍就在吉鱼寨安家落户了。

1936年7月的一天，在懋功县两河口乡小柯牛的山上，有位叫王文书的女红军战士受伤后倒在草丛中，国民党匪兵搜山时发现了她。正要杀害她时，突然来了一位藏族妇女，是两河口街村的金杨氏，她赶忙上前为这位受伤的女红军求情，在她反复恳求下，敌人才没有杀害她。敌人走后金杨氏赶忙把她背到离那里不远的陈金山家的草屋里休息，之后又忙把她背回家中藏在地窖内，但仍然觉得不安全，怕敌人来时被搜出，便又把王文书转移到岩窝里，每天给她送饭，并用草药给她治伤。在金杨氏精心护理和照顾下，王文书的伤逐渐好了，以后又在金家协助下，在两河口和黄正富结了婚，成了家立了业，现在已是一位儿孙满堂幸福的老祖母了。据初步了解懋功县各族人民保护的失散红军有二百五十多人。

茂县光明乡核桃沟有户农民，家中只有母女两人，一天她们在山上发现一位因受重伤而不省人事的红军战士。母女俩将这位受伤的红军战士救护回家，用草药精心护理、洗治伤口，这位战士渐渐恢复了健康。这位战士叫陈仲坤，是外省人，因为口音不同，为了不被敌人发现，他只好装聋作哑，国民党部队及乡保人员曾多次来清问，都被母女俩机智地应付过去了，后将陈仲坤招赘为婿。新中国成立后，陈仲坤被光明乡群众选为乡长，1955年他带领全家回到了原籍。

1935年10月，一位年仅14岁的小红军从草地返回，经黑水南下，在扎窝掉队，遇到藏民恩波，恩波毅然冒险将他收为义子，让他在家带一个瞎了一只眼的小妹妹，并给他取名叫水长保。全家人对他很好，而且在周围群众保护下，他幸免于难。三年后水长保同本寨藏民甲斯加普一道去北川县卖药材，因为思念家乡心切，他趁此机会跑回了罗江家中，不久又被国民党抓壮丁抓去。后逃跑，参加了中国人民解放军。新中国成立后，他转业到云南某测绘大队任大队长，曾多次写信与他藏族养父养母联系，但都未联系上。1971年从云南某测绘大队来了两位外调人员，专程到黑水查访他这段经历，查访中，找到了藏族老阿妈尼满初，外调人员将照片递给老阿妈看后，她激动得将照片紧贴胸前，她认出来了，热泪盈眶地惊呼："我的好儿子水长保！"当时阿爸恩波已去世，不久，阿妈收到义子寄来的全家照片和50元钱，并恳切地请阿妈全家去云南玩。

失散在雪山草地的红军的确吃尽了苦头，很多因受伤、生病、冻、饿，掉队被敌人杀害，牺牲在雪山草地，但也有不少被各族人民群众冒着生命危险掩护下来。女红军和阿坝州各族妇女亲密无间，结下了姐妹之情，她们将革命精神传播给广大各族妇女，像一团火，温暖了各族妇女的心，使各族妇女从蒙昧无知的奴隶娃子，变成了聪明勇敢的战士，使她们懂得了妇女要解放，必须团结起来与反动派作斗争，必须依靠自己的力量，打碎旧世界，才能创造幸福美好未来的革命真理。

六　红军播下的火种燃遍雪山草地

　　红军在金川、懋功、马尔康一带留住的时间比较长，对当地群众的影响也极深，红军艰苦奋斗的精神，随处都能听到，这对下一代人的影响也是极深的。新中国成立初期，不少藏族妇女摆脱土司头人的压迫剥削，积极投身革命，都是由于红军的深远影响，使她们懂得了革命的真理：穷人要翻身就必须起来推翻反动统治阶级，自己动手建立无产阶级政权。金川县失散红军阿太（因病走到黑水后掉队，后返乡参加生产）常常向小女儿柯秀兰讲红军艰苦奋斗的故事："红军生活很艰苦，没有穿的，没有吃的，他们宁愿饿死，也不拿群众一针一线，一粒粮食，从来也没有见到过有这样好的军队。阿公在山上放牛，红军来了，阿公因不明真相躲在森林里，看到红军将他家放在山上的牛群吆在一起，没有碰它们一根毛，还生怕它们跑掉了，阿公很受感动，他知道红军没有吃的，第二天就背了一背篼干葫豆上山，送给红军，红军感激地收下了胡豆后，硬要给银元，这些事实传开后，当时不少青年积极要求参加红军，支援红军。"阿太就在那时参加了红军，还见到过四方面军的领导人徐向前，徐向前拍着他的肩膀说："你参加红军了，好！好！好！"阿爸讲的红军故事给小柯秀兰留下了深刻的印象。

新中国成立后，柯秀兰继承父辈未完成的事业，很早就参加了工作，在革命队伍里努力学习，积极工作，从一个目不识丁的藏族姑娘，成为有知识、有文化的党的领导干部，现在她已经是阿坝州医院的副院长了。

金川县安顺村，当年机智地救过红军杨万银的回族张二姐，常常教育自己的儿孙们要努力学习，为人民服务，好好为党工作。孙女丁德卉在其教育影响下，不断成长，曾担任过青年团县委书记、安宁区委书记、县妇联主任等职，现在是金川县的县长助理。

阿坝州民主改革时（即外地土改）不少藏族姑娘因受红军的影响，积极参加民主改革的斗争，并在斗争中锻炼成长，民改后一大批积极分子参加了革命工作。离马尔康县城不远的西索村，据不完全统计，新中国成立以来，参加革命工作的就有82人，其中妇女33人，占参加工作人数的40％。其中地专级1人，县团级2人，区级2人，这是阿坝州妇女干部成长的一个缩影，她们继承红军长征的革命精神，为振兴雪山草地，在经济、政治、文化、艺术等各个领域做出了不平凡的业绩。

第四章　女红军在雪山草地

不畏艰险的军中之花

金秋十月，我们拜访了全国政协委员、中国老龄委员会委员，当年红四方面军中的红军女战士王定国同志。

王老现在虽已年逾古稀，但精神矍铄，头脑清晰，性格开朗，待人平易亲切。她担任过中小学课外辅导员；探望过管教所中失足青少年；热心新时期的妇女运动；关心长征中因战乱失散，受尽苦难的姐妹和战友们的现状；现在她担任中国文物研究学会副会长、中国长城协会副会长等职，并常为全国老年人的生活、健康操心。为了社会公益事业，这位老红军战士，怀不衰之童心，抱鞠躬尽瘁之志向，仍然战斗在自己的工作岗位上。

王老原籍为四川省营山县安化乡，她出生在一个贫苦农民家里，原名乙香。从她记事时起，就随父母到处给人家做活，养蚕、喂猪、割草、打柴，为了全家糊口，瘦小羸弱的她，什么苦活累活都干。家境的穷困使这位秉性倔强的女孩子思考了许多问题，但她却思谋不透这不公平的世界上，为什么富人什么都不干却总那么有钱，穷人终日劳碌却总是那么穷？为什么穷人要缴草鞋税、脚板税？为什么女人要裹脚？为什么街里街外有那么多不平等的事？

她问过父母，父母答不出。带着这许许多多问不明白思不透的问题，乙香一天天长大了。大约是她十六岁的那年，她认识了舅舅的朋友肖德兴、杨俊、张静波等人，由于他们的影响，她开始明白"剥削""压迫"，明白穷人要靠自己救自己，知道中国有穷人自己的队伍——红军，她兴奋地盼着红军的到来。

1931年，红军来到营山前，地下党领导人杨克明等到营山来发展党组织，发动贫苦农民闹革命。在肖德兴、杨俊、张静波等人的帮助下，乙香开始组织妇女，联合起十几个志同道合的年轻人（其中有李金香、张新仁、周沙惯、陶大学、陈春云、伍竹英、伍高义的爱人罗大嫂、李开世的爱人陶舅妈——她有三个儿子均参加了革命、蔡桂兰、蔡芙蓉等），准备迎接红军。她们在穷困边远的山区到处奔走（陶大学被母亲关起来，未能参加），到仪陇的鼎山、立山以及天池、新店、老林、柏林等地，宣传反对苛捐杂税，争取男女平等，发动妇女放脚、剪头发，宣传红军是杀富济贫、解放穷人的队伍，从各方面揭穿反动派对红军的造谣污蔑，消除老百姓对红军的疑惧心理。为迎接红军，乙香她们做了大量的宣传工作。

　　1933 年农历八月中旬，中国工农红军四方面军第九军解放了营山县。一支红军的队伍浩浩荡荡开进了营山，乙香和她的同志们终于盼来了、迎来了亲人。在一次区苏维埃开会时，姑娘们纷纷改掉了那带有封建色彩的名字，乙香改名为王定国。从此，打土豪、分田地，成立农会和苏维埃政府，王定国她们这群年轻人总是打头阵。红军的宣传和行动得到了广大贫苦群众的支持和拥护，各地纷纷成立起工会、农会，在王定国她们这批先进妇女的影响下，受苦最深的营山县妇女们纷纷走出家门。姐妹们勇敢斗争，意志坚定，成为苏维埃政权的一支生力军。是年，王定国被推选为县苏维埃委员，任内务委员会委员。后经肖德兴、徐启文介绍加入了中国共产党，任县妇女部长，那时她才 19 岁。

不久，敌人的疯狂反扑开始了。他们联合当地土豪劣绅的反动武装，对穷苦百姓反攻倒算，到处袭击和杀害红军战士。在敌强我弱的情况下，红军转移阵地撤到消水。为了保卫刚刚取得的红色政权，1933年11月，营山县妇女独立营成立了，王定国任独立营营长，红军干部徐启文任指导员，郑莲芳、李思文、罗德秀分别担任下设的三个连连长，贺秀英任一连副连长。这个营共有女战士三百多人，她们的任务是做好红军后勤工作，运送粮食、武器、弹药，抬担架、照顾病员、打柴、做饭、构筑工事、给战士们洗衣服等。这些苦大仇深的女战士，在革命队伍中，如鱼得水。过去她们受苦遭罪是被剥削压迫，现在她们劳累辛苦是为了革命，为穷人打天下，所以她们以极大的热情积极地投入工作，与红军并肩战斗，为革命做了许多工作。

她们也参加战斗。王老亲切地向我们讲述了她们第一次参加战斗的情景：

那是1933年底，国民党军阀组织六路大军，向红军各路发起疯狂围剿，过去被我军打垮的一些军阀残部，占山扎寨，落草为寇后，此时也与之呼应。一天，他们来袭击县委和乡政府，占据了有利地势，心狠手辣地裹挟着众多百姓做屏障，用机关枪不停地扫射。陈发洪同志带领红军战士迎敌五块石，妇女独立营随军参加战斗。为了不伤着百姓，红军只好迂回战斗，王定国带着独立营的战士们，手持梭标大刀和男同志一道冲入敌人阵地。混战中，她突然发现一个土匪蜷伏在一块山石后面，正向红军战士瞄准。王定国大喝一声和几个战士冲上前去，那鸦片鬼被威风凛凛的娘子军吓坏了，立即跪在地上，缴械投降。这场恶战，敌我双方都有很大伤亡。正当女战士们精疲力竭，寡不敌众时，丁武选总指挥带领大部队前来助战，才顺利地结束了这场战斗。

第二天，为了祭奠牺牲的战友，枪毙土匪头目，苏维埃在消水河坝子上召开了庆功大会。女战士们身背雪亮的大刀，在镇压反革命的口号声中押着俘虏进入会场。她们英姿勃勃，威风凛凛，都情不自禁地昂起了因参加战斗而无比自豪的头颅。

以后，在黑水滩、五块石一带，她们多次配合红军作战，一次次战斗把这些女孩子锻炼得日渐成熟。后来，由于形势发生急剧变化，她们在向仪陇方向撤退时，妇女独立营的战士们被分配到九军供给部和医院，开始随军北撤。1934 年初，王定国等十六人被派到巴中苏维埃学校学习。

在那里，他们主要是学文化和学习当时苏维埃的政策《劳动法》、《土地法》。当时环境异常艰苦，没有纸和笔，全凭记忆。王定国和她的同学们，只好找个小石块或草棍当笔，地面当纸，画画、背背。就这么学懂了《土地法》和《劳动法》。

1935年3月，长征开始了。王定国在新剧团任道具股长，她们随四方面军政治部和川陕省委从通南巴出发，经平武、江油、中坝、北川，进入川西北的茂县辖土门，之后经茂县、汶川，在杂谷脑住下了。当时，保卫局和妇女学校也住在杂谷脑。战友们相逢后携手打了一次胜仗。由于当地喇嘛寺里聚集了一些土匪和反动喇嘛，企图阻止红军前进，上级决定消灭这个拦路虎，并派女兵们完成这一任务。这次战斗中，除了何莲芝被打断两个手指头外，有了一定战斗经验的女战士们，几乎没有什么伤亡就消灭了敌人。她们冲进喇嘛寺，看到寺内堆集的粮食、猪肉，想到长征几个月来忍饥挨饿的战友们，真想把这些粮食运回驻地，但是军纪如山，上级不准她们动一颗一粒。王定国等女战士，只能眼热一番，恋恋地望望那些东西，不无惋惜地执行命令。

进入少数民族地区以后，缺粮的确是个大问题，当地的粮食产量原本就不高，加上长期受土司、头人、汉官、军阀压迫掠夺，缺吃少穿的情况就可想而知了。反动派又对群众造谣说"红军共产共妻"、"普烧普杀"等，使百姓戒备心中又加疑惧，有许多藏民携粮藏进山中，新剧团的同志们由于语言不通，要完成筹粮任务是十分艰难的。她们首先得找到群众，然后，对戒备心极强的群众进行耐心细致的说服工作。有的反动分子及头人的爪牙，常常混在老百姓中，红军战士单独或几人外出时，常遭袭击乃至杀害。女红军们就是在这样复杂而危险的环境中，宣传"红军是穷人的队伍"，"共产党尊重宗教信仰自由"，在行动上，也严格遵守红军纪律，不拿群众一针一线，帮老百姓劈柴、背水，不涉足他们的"经堂"。红军宣传言行一致，使得少数民族百姓了解了红军，理解了红军，从而也开始支持红军。到杂谷脑驻军一个半月后，藏族百姓与红军的关系得到了很大改善。老百姓们借鼎锅给红军战士煮麦子，教她们捏糌粑，并借给住处。有的女红军没有学会捏糌粑，只能吃些面糊糊，但她们还是觉得这样的生活过得愉快而有趣。

有时候女战士们还要到很远的地方去背粮，没有粮袋，她们就把裤脚扎结实，把粮食装进裤筒背着走。有一次，新剧团全体同志到甘堡去背粮，归途中遇到敌机来搜索轰炸，为了保住粮食，她们拼命向山顶树荫处爬，终于躲过敌机的搜索扫射。虽然背着粮食爬山下坡很困难，也很累，但能保住粮食，她们都非常高兴。

在杂谷脑驻军的日子里，领导多次向她们说明前路的艰难和危险，可姑娘们谁也没有惧怕过，她们急切地等待着出发，出发就意味着革命、走向胜利，为了革命和胜利，还怕什么困难和危险。上级让她们每人准备 15 斤干粮，她们忙碌起来，把玉米、麦子炒熟、磨碎，做成干粮，把牛肉干磨成肉粉，装进袋子。到了少数民族地区后布币就作废了，红军把它撕成条用来打草鞋。

1935 年 8 月，王定国和剧团的战友们随部队从杂谷脑出发，她们走过雪山、草地、大森林等，在这险恶的自然环境中徘徊辗转往返一年多。在艰苦的历程中她们受到了血与火的洗礼，除了倒下的战友，这支队伍的幸存者，在胜利会师时，虽然年龄都不大，仅仅是二十来岁的人，但都成为在政治上比较成熟的勇敢顽强的老兵了。

无数的红军战士倒在了长征的路上。人烟稀少的雪山草地，路是那么难走，不仅道路崎岖，还时有吞人的泥潭暗流。气候也变幻无穷，刚刚还是骄阳似火，霎时就变得雨雪交加或冰雹疾落。衣衫单薄的战士们，忍饥寒、履泥泞。因没有帐篷，多是露宿，寒风凛冽，腹内无食，有不少战友头天晚上躺下去，第二天早晨就再也起不来了。王定国和新剧团的战友们，找来树枝遮掩这些无法掩埋的尸体，怀着沉痛的心情，又坚定地上路了。草地的路，走一次一辈子也不会再想走，但因张国焘实行错误的南下路线，使四方面军这支队伍在短短的一年多时间里竟然过了三次草地。

小个子王定国随背道具的同志，步步紧跟前边的同志踩着绵绵白雪，一步一滑前进着。雪风卷着漫天的雪花雪片，飘到衣衫单薄的女战士身上、脸上，脸像刀割似的痛，牙齿咯咯打战，雪风噎人，空气稀薄，滑坡虽然省力些，但危险得很，一不小心就会坠入雪坑。王定国亲眼看到剧团的老炊事班长、共产党员张德胜同志滑进雪坑，顷刻间便被风雪埋得无影无踪了。她和其他战友，流着热泪默默地望望那吞噬了战友的雪坑，又继续攀、滑、攀、滑地前进。

四方面军的红军战士们，虽然辗转于这环境恶劣的雪山草地，不少红军战士为了革命在此献出了宝贵的生命，但活着的红军战士却从未动摇过革命意志，从未动摇过取得胜利的信心。新剧团迄今尚健在的同志有：刘文泉、陈淑娥、张九文、杨万彩、吴绍凯、秦永厚、何德珍、李玉兰、何其芳、宋时华、侯振芳、王克、徐世淑等。战斗生活虽然艰苦，但新剧团同志们的精神却是乐观的，他们一路走，一路向老百姓宣传革命道理，不断地唱起红军的歌。

"送郎送到大地坪，工农齐心闹革命，小郎哥儿吆，快去当红军。"

"送郎送到大草地，红军待人如兄弟，小郎哥儿吔，纪律要牢记。"

"送郎送到大石岩……"

一曲《送郎当红军》鼓动了无数贫家男儿参加革命。

她们在行军途中向战友们宣传，鼓舞士气，增强战友们战胜困难的信心。

"无敌的红军是我们，打垮蒋匪百万兵，努力再学打骑兵，我们百战又百胜。"

"夹金山，离天三尺三，人过要弯腰，马过要卸鞍。红军战士多豪迈，不弯腰，不卸鞍，拨开云雾见青天！"

"夹金山呀夹金山，高耸云霄戳破天，红军在你头上歇歇脚，凑上太阳抽袋烟。"

这些歌词、快板书，鼓舞着行进中的战友们的斗志。长征是宣传队，王定国他们的剧团是宣传队中的宣传队，她们一路行军，一路唱歌，说快板书，当啦啦队，有条件时，她们还登场跳舞。她们跳的《农民舞》、《海军舞》、《乌克兰舞》、《高加索舞》等，给艰辛的生活带来无穷的乐趣，增强了指战员们克敌制胜的勇气。

1936 年 1 月中旬，剧团又翻夹金山回到红军驻地丹巴。她们在刘文泉副团长的带领下，到红军三十七团驻地去慰问演出，这个团的驻地在人烟稀少、野兽出没的牦牛村附近的山坡上，剧团全体同志冒着风雪走了两天两夜，才到达目的地。三十七团的战友们感动极了，高兴极了，他们提前给演员们烧好开水做好饭，并派出人去迎接。剧团战士又累又冷，但战友们的热情温暖了她们的心，上场前还冻得瑟瑟发抖，一上场，立即进入角色，跳得生动活泼，演得惟妙惟肖，轰响的锣鼓声和精彩的演出，立刻给阵地笼罩上一派生气勃勃的气氛，许多战士高兴、激动得流下了眼泪。是的，他们是不怕艰难险阻的战士，也是需要欢乐和歌声的战士。

王乙香——王定国，从参加革命到参加长征，短短几年时间就从一个不识字的贫家姑娘成长为一个坚强的红军战士，这段难忘的经历，为她以后漫长的革命生涯，奠定了坚实的基础。今天，她已是为革命奋斗了半个多世纪的老战士了。在改革年代的大好形势下，两鬓斑白的王老，正焕发出新的青春。

乐观团结的妇女部

1986年我们在北京访问的时候，老同志们给我们介绍说李富德同志从达县搬到成都定居了，得到了她的消息我们十分高兴。回到成都后我们马上就去访问这位妇女工作的老前辈，由于她现在改名为李萍，我们好不容易才找着她。

门一敲开，正好是李富德同志来开门，我们

急切地问：“您老过去的名字叫李富德吗？”李老爽快地回答：“我就是李富德。”我们说明来意后，她客气地让我们进了她的客厅。

李富德同志虽然年逾古稀，但精神很好，记忆力不错，满头乌发，面部红润，没有皱纹，戴着一副老花眼镜，看上去不像七十来岁的人。给我们的印象是慈祥、和蔼可亲。

李富德同志是巴中县清江区人，1933年8月参加中国工农红军，当年只有十四五岁。

李富德家很穷，她父亲李进强是长工，母亲给别人打短工，大哥被抽壮丁，二哥后来当了红军，她的姐姐因为家穷活活被饿死。她在刚刚能做点事的时候，就去给地主家当丫头，过着非人的生活。李富德在当地团总大地主家专门服侍他家小姐。老爷、太太都吃大烟，常常睡在床上吸鸦片。家里请了一位先生教小姐读书，小姐饭来张口，衣来伸手，一切事都要由李富德来做，就连先生给小姐上课时她也不能离开一步，一会儿端茶，一会儿送水，做不完的事。

一次李富德帮小姐洗月经裤子，用热水都洗不干净，她把血水往天井里倒，这下冒犯了这个笃信封建迷信的大地主家，他们说这样要“冲了天”，便用皮鞭狠狠抽打她，李富德被打得皮开肉绽，遍体鳞伤。挨过打以后还不准哭，不准黑脸，要双手捧着茶杯低着头送到小姐面前。那时团总家还有很多家丁，人多粮少，她每天吃的都是些剩饭剩锅粑。

一天，做饭的老妈妈悄悄给她出了个主意，叫她赶快逃走。就这样她在团总家当了一年丫头，一分钱也没拿到，身无分文地走了。

走到了一个裁缝家，李富德在他家没帮多久又离开了。

后来她又到了国民党政府一个姓苟的师爷家当丫头，师爷娶了两个老婆，乡下一个大娘子，城里一个小老婆，李富德在乡下照顾苟家大娘子。

红军要来之前，苟家在家里挖地洞，把贵重物品装在箱子里埋在地下，洞都是晚上挖的，由李富德掌灯，箱子埋好后，地主提前逃跑了，本来他们叫李富德跟着走，但李富德没去。

红军是腊月二十四到达她们那里的，按阳历算大约是 1933 年的一二月。刚开始，李富德也弄不清虚实，躲藏在一户穷人家里。后来听到宣传，她们一伙小娃娃就出来看热闹。不久，红军到了苟家把埋在地洞里的箱子全部挖走了。和她同院住的一位老太婆对李富德说："你没有跟地主走，箱子挖走了，如果将来红军走了，地主回来一定要杀你的头的。"李富德害怕了，思想激烈地斗争着：我该怎么办呢？她和一个叫俊娃子的女友站在大路旁看一批批的女红军走过，思想豁然开朗：参加红军去！她约俊娃子去参军，俊娃子不想走。正在这时有个叫李兴发的地下党员，通知穷人去分田地。她向李兴发说她不想分田地，想要参军。她想，参军走远就好了。水稻割完以后，李富德走了很远，到了青枫渡，看见插了几面旗子，她就在那里徘徊。有人过来问她要干什么，她说她要求参加红军。一会儿来了一个姓冯的女红军，问她要到哪里参加红军，她说自己也不知道。那位姓冯的红军就将她带到县苏维埃，从此李富德就穿上了红军的军装，在县苏维埃工作了。她们常常到各乡扩红，建立乡苏维埃，向广大贫苦老百姓宣传共产党和红军的政策。以后她一直在妇女部工作，直到参加长征也做地方工作。

李富德真不愧是老妇女工作者，她轻言细语地向我们讲述长征中的妇女工作，特别讲到在雪山草地的大金省委工作这一段历程时她记忆犹新。

她说："我们的老大姐张琴秋是红四方面军政治部主任，后来又担任过王坪总医院政治部主任，四川省妇女部部长，妇女独立师师长，为人和蔼可亲。张琴秋大姐很关心我，她说我眼睛不好，把我留在大金省委妇女部工作，这样我在金川工作的时间比较长。"

1935年10月红军南下以后，红四方面军收复了崇化、抚边、懋功，解放了绥靖、丹巴、绰斯甲等地区，在金川流域建立了金川省委（大金省委）、中华苏维埃西北联邦政府、格勒得沙中央革命政府、金川军区、金川独立师等党政军组织

李富德同志回忆说：记得当时大金省委书记，原是周纯全、何柱成，以后是邵式平。

组织部长：何柱成

宣传部长：陈庆先、赖义

少共省委书记：吴瑞林（原名吴尚德）

组织部长：熊作芳

民族部长：张然和

青年民族部长：天宝

省儿童团书记：周克用

联邦政府主席：余洪远

格勒得沙中央政府主席：孟特尔

另外在格勒得沙中央政府工作的，还有姑姑（即沙纳）。在格勒得沙中央政府工作的许多同志是少数民族。

省委有中共妇女部和少共妇女部，在那里工作的有三十多个人，一部分是搞宣传的，一部分是搞侦察的。

中共妇女部部长是吴朝祥，少共妇女部部长是李富德，她们两人又兼格勒得沙中央政府妇女部部长和少共妇女部部长，她们两人因工作关系

常常睡在一张床上，亲如姐妹，无话不说。

当时在妇女部工作的女同志还有傅文翠、赵桂英（又名赵光）、陈再茹、熊明珍、吴秀英、赵玉香、朱德云、廖德明、李天秀、王长德、李金莲、何艺（又名何桂友）、李志敏（又名李敏）、唐成英、王营（又名陈映明）、史光珍、吕明珍、田志秀等同志。李富德同志回忆说，那时大家在一起工作，再苦再累也不在乎，总是有说有笑好玩得很。大家都很乐观，没有人发过一句怨言。有时还给人起诨名，妇女部长吴朝祥诨名是"洋马"，因为她个子高又走得快，李敏诨名是"飞机"，李金莲诨名是"嫩莴笋"，赵明光诨名是"麻雀"，赵玉香诨名叫"红花碗"，王长德诨名是"王大娘补缸"，田志秀诨名是"田冬瓜"。还有一个同志诨名叫"六指指"，但她记不起是谁了。

妇女部的同志很团结，李金莲在南下以后过草地时，在草地生小孩，妇女部的同志们在那一望无际的草原上围成一个圈，李金莲就在圈中生小孩，孩子生下后大家帮助洗裹，这个扯一块巾，那个凑一块布把孩子包起来。每人抓一把青稞给她煮着吃，在那样艰难困苦的情况下生孩子，什么吃的也没有，根本谈不上吃补品补身体了，每人抓一把青稞如果能填饱肚子就算是最大的享受。生完孩子后，妇女部长吴朝祥把她的骑坐骡子，让给李金莲骑了三天。还找来一位小红军战士帮她把小孩背着走。走到甘肃岷州时，政治部主任傅钟动员她："战争环境带小孩很不方便，送给老百姓吧。"她虽然很爱自己的孩子，但为了革命的需要，忍痛将孩子送给了老乡。

妇女部的人不少，但工作很分散，有时需要谁到哪个地方去当妇女部长或工作，就要下去。为了工作方便和安全，她们常常穿少数民族服装，化装成少数民族，下去工作时还学会了一些简单的藏话，如"卡作阿拉拉"（汉话谢谢的意思）。在乡下工作很辛苦，工作流动性很大，弄不好就会牺牲。李富德心情沉重地讲："曾经担任过中共懋功县妇女部长的吴秀英就牺牲在金川；在丹巴（当时属金川省委管辖）还牺牲了一个妇女部长，死得很惨，被敌人杀了十三刀。那里还牺牲了不少妇女干部，有时我们派出去一个排的队伍，回来时只有几个人。"

李富德停了一下又给我们讲："当时妇女部的人一部分是搞宣传的，一部分是搞侦察的。搞宣传的主要任务是争取群众，搞侦察的主要任务是摸清敌情。宣传工作根据当时的形势进行，我们到金川的时候，很多老百姓因为不了解红军政策，听了坏人造谣，都跑到森林里去躲起来了，当时的主要工作是'安民'，向少数民族宣传红军的政策，宣传'红军不杀人，不放火，不共产共妻'，'红军是穷人的队伍，是打富济贫的队伍，是保护群众利益的'。主要目的是争取少数民族同胞回到寨子上来。以后就是培养少数民族干部，争取他们参加红军。经过宣传动员工作，不少老百姓慢慢地回到家里。后来还有很多藏族青年参加红军。"

"记得跟我们一起走出雪山草地的有天宝、孟特、姑姑（即沙纳）、吴托儿等，还有几位女的，其中一个姓姜一个姓何。到了延安他们就到民族学校去学习。长征中他们会汉语和藏话，多数当翻译，为战胜敌人，走出雪山草地做了很大的贡献。"

"我们在大金工作期间，很注意民族团结，为了搞好民族团结，协调民族关系，使长征取得胜利，省委书记邵式平带头和藏族姑娘杨秀英结婚（注：当时杨秀英已参加红军，在省保卫局担任翻泽）。婚后他们感情非常好。另外当时特委书记，还有几位部长、县委书记等都带头和少数民族姑娘通婚。有位姓杨的女红军，和一个少数民族青年结了婚，夫妻俩感情很好，后来听说牺牲在长征途中了。还有姑姑（沙纳，原甘孜州州委书记）的爱人张子清也是一位女红军，夫妻俩相敬如宾。"

当我们问起李富德同志，大金省委成立后各县的妇女部部长时，她以惊人的记忆力作了回答：

　　中共绥靖县妇女部部长：傅文翠

　　中共崇化县妇女部部长：陈再茹

　　中共丹巴县妇女部部长：熊明珍

　　中共懋功县妇女部部长：吴秀英

　　少共绥靖县妇女部部长：赵桂英

　　少共崇化县妇女部部长：熊明珍

　　少共懋功县妇女部部长：赵玉香

　　少共丹巴县妇女部部长：朱德云

　　接着她又说："长征结束后，我们到了延安。新中国成立后，1950 年 3 月，由于当时西南军政委员会主席王维舟要四川干部回四川工作，所以我们就回来了。"

　　李富德同志回四川后在南江县任过妇联主任，后来又调到达县专区妇联任过部长、地区商业局担任办公室主任主管人事工作。离休后 1986 年组织上照顾，在成都定居。

戎马倥偬的一生

　　岳克同志，戎马倥偬一生，驰骋疆场，她参加过长征、抗日战争、解放战争，担负过直接支援抗美援朝的工作。她为穷苦人翻身求解放，为我们中华民族的独立和自主、为新中国的解放事业呕心沥血，南征北战，常常战斗在最艰苦的斗争前线。她从头到脚满身弹痕，双脚后跟骨被炮弹炸掉。她为革命献出了一生中最美好的年华，在战争年代她失去了亲人。她的这种为革命坚韧不拔的忘我精神，是当今最宝贵的精神财富。1989年春，我们慕名前去拜访了她。

和蔼可亲的岳克同志给我们讲起了她的情况：她家在川北大巴山南江县靠近陕西的一个山村里，她有两个哥哥，穷困的父母无处居住，母亲在一个严寒的冬夜子时，在岩窝里生下了她。由于重男轻女的思想作祟，她父亲向妈妈说："连两个儿子都无法养活，还要女儿干啥？"便把她抱去丢在一旁，但到早晨小生命仍然活着，哇哇哭叫。孩子是妈妈的心头肉，妈妈又把她抱起来暖在怀里。父亲和妈妈商量："如果你要女儿，那我们就只有各奔前程了，你带女儿，我带两个儿子。"于是他带着两个哥哥离开了可怜的妈妈。小岳克没有见过自己的父亲，只是听人说，父亲是地下党员，担任地下党的联络工作，常常从四川背纸到陕西。后来她父亲也无法养活两个儿子，不得不忍痛将两个儿子送去帮人当了放牛娃。

妈妈带着她，到处要饭来养活自己的女儿，当她满了一岁的时候，妈妈又带着她去给人当长工，一连当了七八年。帮地主种地、干家务活，有什么就做什么。地主每天只给妈妈吃两顿饭。那是什么饭啊！吃的都是地主不吃的红苕、锅巴，常常吃不饱。妈妈每天只能给小岳克吃点米汤，吊着女儿的命，晚上带着她睡在地主家四面通风的堆包米壳的楼上，没有被盖，没有床，钻进那堆包米壳里就睡了。由于过着这种牛马不如的生活，母亲又病、又饿，害了水肿病，不久就活活累死了。

地主家真可恶，母亲去帮他们时讲好十五串钱一年的工钱，但五年里地主一分钱也没给过。母亲死的那年岳克已经9岁了，小岳克无依无靠，任人宰割，地主家说她母亲病的时候吃了两副药，死后又买了一副火匣子，花去三十元大洋，就这样，岳克顶债在地主家当了小长工。

她失去了母亲，任随地主使唤，每天早晨天不亮就起来放牛、割牛草，晚上把牛牵回去后还要帮助做家务活。每天只能吃一顿，还尽是红苕、锅巴掺冷水。到了晚上，地主也不放过她，还要叫她把衣服脱光，先到他睡的床上把被窝焐热。当累了一天的小岳克，正睡得香甜时，地主又把她撵在一个柜子上去睡。不大的一个柜子怎能栖身？她常常从柜子上滚下来摔得头破血流，柜子上什么也没有，冬天也只有一床蓑衣，真是又冷又饿日子难熬。

更可怕的是大巴山——大巴山是大山区，大森林里什么野兽都有，放牛娃经常都可能碰上可怕的野兽，老虎、豹子常常出没在森林里。一次，岳克去放牛，一只豹子大吼一声从她头上扑过去，机灵的小岳克没有被豹子吓呆，她趁豹子扑过去的时候，跑到几个大石包的夹缝里躲起来，豹子没有找到她。大约过了一个多钟头，没有动静，她才从石缝里钻出来。

正是恶劣的环境，养成了她吃苦耐劳、无所畏惧、坚韧不拔的性格，她不怕那些豺狼虎豹，更不怕雨、雪、风霜。

1932年12月，中国工农红军第四方面军来到了南江县城。1933年1月有一个小红军到了南江县边远山村岳克的家乡，小红军站在高凳上向群众宣传革命道理，他讲"红军是解放穷人的队伍"，"红军是打富济贫的，为穷人翻身求解放的"。岳克听了感到十分高兴，心想这下我们穷人可有翻身之日了，可也有些怀疑是不是真像他说的那样，决定看看再说。

红军一来，地主们都逃到山里躲起来了。岳克帮的那家地主也逃了，他们把小岳克带到了山上，第一个月，叫她在山里打一背柴在街上去卖，然后用钱买盐巴带到山里。岳克遵从主人的吩咐，下山后却看见红军在到处宣传，而且，也有当地人参加了红军。第二个月，地主又叫岳克打柴下山卖柴买盐，岳克心里已经盘算着参加红军了，她想到前次看见那些到处宣传的红军队伍中有男有女，有外省来的，也有川北地区的穷苦妇女，他们成天有说有笑，难道她们都能参加红军，我就不能参加红军吗？她在山上砍柴边砍边想，我要多打点柴，送给红军。她砍了一大背柴，然后对地主讲她要下山卖柴去了。她虽然背了一大背柴，很重，但心里觉得轻松愉快。眼前正是菜花满地、清香扑鼻时，想到她马上就要离开地主家，也会像那些女红军一样到处宣传做工作了，不由得心花怒放，心里甜滋滋的。她很快来到集市上，红军同志来买她的柴，她说："我的柴是不卖的，我要参加红军，要送给红军。"红军同志讲："你要参加红军我们欢迎，但柴钱你一定要收下。"并告诉她要参加红军就到当地苏维埃去。

接着，她到了苏维埃要求参加红军，苏维埃同意了她的要求，分配她到三十一军宣传队工作。那时组织上分给她们的任务就是组织乡苏维埃，然后扩军。由宣传队队长吴玉西带领到各乡做工作，成立乡苏维埃，动员青年男女参加红军。当时川北地区，掀起了参军的热潮，很多青年人参军，红四方面军的队伍很快地扩大了。

记得是 1934 年 3 月，原通江的妇女独立营在组建长池妇女独立团，岳克被调到了妇女独立团工作。当时只要参军三天就算是老兵了，岳克已经参军近一年的时间，她不仅是老兵，而且已经是骨干了，那时她十七岁，正年轻精干。在革命队伍里她成长得很快，调到妇女独立团后，组织上把她编在战斗力较强的妇女独立一团二营三连，连长是吴秀英，岳克担任了副连长的职务，她们的团长是张琴秋，团政委是曾广澜。妇女独立一团的战士，多数是原通江妇女独立营的老战士，经过正规军事训练，并得到多次战斗的洗礼，所以，她们是一支对战争比较有经验的、战斗力较强的妇女正规部队。妇女独立团上至团长，下至炊事员、司号员全部都是妇女，这在历史上是独一无二的。到了妇女独立团以后，每人发一把大刀，穿灰军装，也穿过白色衣服，蓝色裤子，还发一顶灰色的八角帽，和正规部队一样。妇女独立团的女兵都是经过挑选的十五岁以上、二十五岁以下的女兵，一个个飒爽英姿、朝气蓬勃。

妇女独立团的任务有三个方面：一是保卫后勤机关，如保卫供给部、卫生部等等；二是参加战斗，有时打土匪，有时和国民党的部队打仗；三是保卫后方，保卫运输及伤病员等。妇女独立团的装备，开始是有什么武器用什么武器，当时有刀、有枪，枪都是些杂牌子的枪。后来到了剑阁打了一仗，缴获了敌人武器后，才统统地换成了汉阳枪。

岳克所在的部队最先是在南江县的黑山和田颂尧的大烟部队打了一仗。打这一仗前，她们先进行调查，足足地调查了一星期，了解到那些大烟兵人数及活动情况，他们每天夜里都在帐篷里抽大烟。那些兵多数是抓壮丁抓去的，而且在原始森林里住的时间长了，也都不愿意为田颂尧卖命，而妇女独立团的女兵个个身强体壮，一个人打他五个大烟兵不成问题。妇女独立团的战士们趁着一个刮大风下大雨的夜晚，摸黑上了山到了森林里，当时敌人都在抽大烟，就是在这种敌人猝不及防的情况下，她们一举消灭了一个旅，缴获了一二百箱大烟，俘虏了敌旅长。她们高兴极了，第一次打仗就打了个大胜仗，鼓舞了士气，增强了勇气和战斗的信心。不久妇女独立团又在旺苍的青杠渡打了一个胜仗。那时人年轻，也不觉得困难。

1935 年春，长征开始。在江油中坝，妇女独立团战士每人得了五尺布做被盖，一件衣服，一顶斗笠，就这样开始了长征。经过江油、中坝，然后到北川，从北川进入雪山草地所属的茂县。进了茂县管辖的土门，国民党的部队在那里阻拦红军前进，妇女独立一团和国民党部队打了一仗，敌人节节败退，之后她们很快到了茂县，在茂县稍稍休整了几天就到了汶川。

紧跟着她们又到了理番县的薛城，住下后，组织上下命令要她们很快赶到理番县的杂谷脑。听说杂谷脑对面山上喇嘛庙里盘踞着国民党特务，利用宗教煽动当地藏族群众，企图阻止红军前进。妇女独立团接受了消灭这股反动势力的任务，兵分三路去消灭喇嘛寺里暗藏的敌人，岳克是第三连副连长，她们的任务是扼守后山。当喇嘛庙里的敌人和一些喇嘛们发现已被红军战士包围时，十分惊恐，乱叫着向后山逃去了。岳克带领三连的战士们守卫在后山，让打进喇嘛寺的女红军战士们清理战场，消灭顽敌。当时民族政策规定得比较严，捉到的喇嘛，都是找通司翻译，给他们讲明共产党和红军的政策，一个也不准杀。

在杂谷脑住了一段时间，她们便往草地行军。在阿坝住了一个星期准备干粮，把青稞麦放在锅里炒，炒得半生不熟，每人发十五斤。又走了两天半到了水草地的一条河边，当时河里涨了水，说是过不去，这时张国焘下令要南下，所以部队就又往回走，可十五斤炒青稞麦早已吃完了，肚子饿得不行，没办法，就洗干粮口袋，一顿饭洗一根干粮口袋，洗一根盐口袋，然后找些野菜煮在里面，一人喝一碗。袋子洗完以后没有吃的，女红军战士就吃"皮鞋"。所谓的皮鞋就是在草地没有鞋穿时每人发两块生牛皮，裹在脚上穿的鞋子。当时每人两双，脚上穿了一双，备一双。一双穿烂了，洗干净挂在腰间，准备补补再穿，实在没有填肚子的东西了，只好解下这腰间挂的"皮鞋"先在火上烧，烧后用刀刮，把烧过的黑灰刮掉后，就用当时每班用来剪头发的那把剪刀，给每个人剪二指宽的一块牛皮当一顿饭。吃这顿饭，只能耽误十分钟的时间，一块牛皮放在嘴里还没嚼烂又开始行军了。把"牛皮鞋"吃完了，就只有解身上的皮带吃了。后来什么吃的也没有了，饿着到了阿坝。到阿坝后组织上给一个连发了十块大洋，她们就用这十块大洋买了100斤胡豆苗和豌豆苗吃，当时吃上豆苗汤汤感觉比现在的宴会都要好。身上穿的衣服还是在江油中坝准备长征时发的，一件长衣服，到了雪山草地，穿森林，走荒原，衣服已经刮成丝丝了，组织上在草地弄到一些羊皮给每人发了一件羊皮背心，天冷了把有毛的一面向里穿，天热了又翻过来穿，皮背心里长满虱子，晚上在火上一烤像芝麻下锅似的噼噼啪啪响。头上戴的斗笠，也被天老爷下的小似核桃大似鸡蛋的冰雹打得稀烂。长征前发的那块五尺布的被盖，有时用来扯帐篷，有时用来当被盖，有时用来当口袋装粮、运粮，甚至还用来当"橡皮船"，女战士们骑在上面浮过河，真派上了不少用场。

晚上睡觉同志们一般都是背靠背地坐在水草地里睡，本来看见上面长着草的一块干地方，一会儿就下陷了。因为太累，不少睡着的女红军都不知道陷入了草地。有天早晨天亮了，别的同志都站起来了，岳克使劲挣扎却怎么也站不起来，原来她的下半身已经陷入了泥潭，几个同志用力拉，才将她拉起来。晚上常常下雨，全身都被淋湿了，大家想了个好办法，把枪口夹在腋窝里睡，避免了弄湿枪口而无法打仗。

当时为了战争需要，妇女独立团的战士们头发都是剪得光光的，一是怕打仗时敌人发觉是女的，二是如果头部负伤好包扎，三是免去了梳头所花的时间，她们没有梳子和篦子，身上挂的只有干粮袋子、被盖和枪。那时大家虽然很艰辛，但也很快乐，在草地时，后方卫生部的女同志，给妇女独立团的战士做了一首打油诗："妇女独立团真荣光，真荣光，头上是个秃光光；浑身上下都是泥浆浆，身上背个戳火棒（注：指枪）。"生动而形象地描写了艰苦环境中的妇女独立团的战士们。

岳克同志给我们谈起一件作为女性、作为母亲最为辛酸的事情。她心情沉重地讲："在草地，我们连担任了收容红军的工作。一天，忽然听到了有婴儿的啼哭声，大家觉得很奇怪，在这荒原上哪儿会有婴儿啼哭呢？妇女独立团的几个战士，向有哭声的方向找去，老远看见一位女红军吃力地拉起一团草饼向刚生下的孩子压去，哭声终止了，孩子窒息了，而那位女红军的下身血水长流，由于刚生下孩子，身体十分虚弱，她躺在草地上爬不起来。两位战士扶起她，派了一位同志帮她背锅，问了她情况才了解，这位女红军是江油人，参军后在总卫生部当炊事员，夫妻俩都参加了红军，长征前怀了孕，自己也不知道，一路上她还背了一口大锅为同志们煮饭、烧水。"岳克同志深深地叹了一口气，继续讲，"晚上我们把她送到了她所在的连队。不知这位同志后来是死是活，唉！女同志在这样艰苦的情况下生孩子，真是遭罪啊！"

过雪山，翻夹金山两次，开始似乎还没什么，到了山上都是雪和桐油凌，真难走。但最难走的还是党岭山，岳克所在的连队，到党岭山脚下时，组织上通知第二天早晨五点出发，党岭山要翻一天，其山是石谷山，鸟儿都难飞过，山上是白茫茫的一片，脚下踩着的是桐油凌，看不见一点泥和石头，山太陡，下山特别困难，有人摔下去就看不见了，在山上又冷又饿，直到下午六点过才翻过去。

岳克所在的妇女独立一团三连走出草地后的主要任务是掩护总卫生部一所，准备开赴甘肃庆阳。到了黄河边上，准备过河，因国民党部队的阻拦，便打了一仗。当时红军弹尽粮缺，只有拼刺刀了。在和敌人的拼搏中，岳克同志负了重伤，头部被刺一刀，胸部左右两侧被敌人各刺一刀，左腋被刀刺穿了，因为失血过多昏迷不醒，被同志们救下来后送到三十一军医院治疗。她的身体很好，几个月后伤势就恢复了许多，很多同志到医院看望她时，开玩笑叫她的绰号："小辣椒，你还没有死呀！"她答道："死不了啊，阎王爷不要我啊！"她的脸常常是通红通红的，像红辣椒一样，加上她性格刚强，所以别人就给她取了一个绰号"小辣椒"。

这位出身贫苦的红军女战士在长征中，经过千锤百炼，成了一名真正的无产阶级战士。1937年4月她在甘肃庆阳的红大，由谢兴有、白忠孝同志介绍加入了中国共产党。1933年7月岳克还在宣传队时由夏明秀同志介绍加入了共产主义青年团，当时团员入党就没有预备期了。她参军时名叫谭明华，是因为她母亲姓谭，参军时怕地主找她回去，便灵机一动改名为谭明华，入党时，她才将她的真实姓名"岳克"告诉组织上，从此她又用原来的名字了。

到甘肃后，因为国共合作，一致抗日，岳克被调到西安的红大剧社搞宣传工作，剧社社长是单东中学一位姓常的老师。记得当时剧社排演了一出戏叫《亡国恨》，岳克那时年轻活跃，她担任主角，演了一个农妇。舞台上，一棵树上挂着衣服，地上放着锄头，她上场了，唱词是"东西在，人不在，恐怕是受了害"，现在老人家对这出戏还记忆犹新，饶有趣味地给我们唱出了这一段唱词。

1939 年她被调回延安，到卫生学校当青年干事，卫生学校就是后来的军医大的前身，在卫生学校工作了半年，组织上又调她到毛主席身边的行政处工作，担任青年干事。

1940 年 4 月，组织上从延安调了 180 名干部到冀中平原参加抗日战争，其中只有她一个女性，那时岳克生完孩子才三个多月，组织上调她和她爱人一起去冀中，为了革命的需要，她将自己心爱的儿子送给了一位老同志。到了冀中平原做敌工干事，为了侦察敌情，她常常化装，出去抓"活舌头"，审讯俘虏，对俘虏进行教育。1941 年 10 月她在冀中平原战乱中生下第二个孩子，是女儿。当天下午两点钟在一位地下党员同志家中生了孩子，晚上 8 点钟日本鬼子追来了，只得赶紧走，冀中的 10 月已经很冷了，河水开始结冰，冰水齐脖子，当时岳克的腿上六处负伤，皮开肉绽，加之生了孩子后身体十分虚弱，岳克自己都以为这次活不成了，但她却奇迹般地活下来了。未能带走的女儿被日本鬼子杀害了，她失去了自己的亲骨肉。1943 年她又受了伤，而且在冀中又怀了孩子，组织上让她回延安养伤并生孩子，孩子一岁多时抗战胜利了。日本投降后，她被派到东北西满军区供给部管军械，接收日本投降后收缴的武器，她的小儿子王岳军，是跟着她骑在马背上长大的。新中国成立初期，她调到东北空军司令部东塔机场当协理员，直接支援抗美援朝的工作。1953年抗美援朝结束后，她又调到北大荒去做改造战俘的工作，在那里任干部科科长。那里改造的战俘是国民党营以上至师一级的罪犯。北大荒相当艰苦，冬天零下四十五度，滴水成冰，生活条件极差，岳克身体吃不消，病倒了，口吐鲜血，组织上随即把她调回东北公安部（沈阳），以后又调到了北京国家公安部。1954年因工作需要她又调回了故乡四川省，任省劳改局政治部干部科科长职务，直至离休。

坚强不屈的女工兵

提起工兵，很多同志认为，工兵就是挖战壕修工事做重体力劳动的男兵。而长征中红四方面军总供给部妇女工兵营的工兵却是女的。她们的工作不是挖战壕，而是给红军战士缝衣服做鞋帽。

长征中工兵的工作是相当艰巨的，我们访问了当年红四方面军总供给部的郑光明同志。

郑光明同志现在已是71岁的老人了，但对往事记忆犹新。

郑光明是四川南江人，出身很贫苦，1933年3月参加红军时才18岁，正是风华正茂时。她在工兵营时，曾担任过班长、排长，后来当指导员。参加红军不久就加入了共青团。1936年，长征南下到达芦山时，在红军党校转党，成为一名光荣的中国共产党党员，当时红军党校总支书记是康克清。

郑光明刚参加红军时是在四方面军七十三师一个工厂里工作，后来调到红四方面军总供给部。供给部下面的工兵营共分三个连。林月琴担任工兵营营长。

工兵营在川陕革命根据地时的任务是：冬天做棉衣，夏天做单衣。夏天一到就把部队的旧棉衣收回来，拆洗补好，打成捆子（还有鞋子、帽子，那时是戴的八角帽，也是灰布做的），天气凉了的时候就送到连队去。

那时女红军们不管做什么工作都很积极，冬天很冷，加夜班组织上只准做到九、十点钟，为了让女兵们休息得好，营部常派人来检查，可是等营部的同志一走，郑光明她们又点上油灯，继续做到深夜才睡觉。夏天做单衣，天很热，但郑光明都是超额完成任务后才休息。当时吃的也没有，只能吃些红萝卜和米粉，根本没有什么菜吃，但是大家还是那么积极，成天做活，也不觉得累。

长征开始后，郑光明所在的部队，从庙儿湾过嘉陵江，到剑阁，途经的都是比较荒凉的地方。记得走到一个地名叫关口的地方，敌人的飞机跟随追来，不停地轰炸，凡是有树林的地方都被炸了，红军走了几天才到达北川。供给部住在城外，然后经过茂县的土门区。到了茂县，在那里住了两个月，时间比较长，那时供给部给她们的任务就是缝皮袄，几个人做一件。

在茂县没吃的就吃包谷面、灰灰菜，刚开始吃包谷很不习惯，后来连包谷也没有吃的了，就主要靠野菜充饥。当时郑光明担任排长，还要管理两个连的病号，工作相当劳累。后来她们又随部队深入藏区，在理县住了一段时间。

为了形势发展的需要，在理县，郑光明所在的工兵营，一直担任运输任务，开始是运枪，运洋线，这些洋线是在中坝时缴来的胜利品，运到前线发给大家打草鞋穿。

之后，工兵营的任务，从运输又改变为弄粮食，为了部队的生存，工兵营从刷经寺出发，到马尔康的梭磨去弄粮食。到了梭磨以后，仍由林月琴担任营长，刘伯兴、何福祥就到各排检查工作，当时张茶清也是工兵营的领导。

在梭磨有一次她们到磨子沟地里去弄粮食，弄到不少，就用油布把粮食摊在地上晒，当大家正准备把晒干的粮食装入口袋运走时，工兵营的战士们被当地少数民族包围了，准备袭击她们，幸好发现及时撤得快，才没有人员伤亡，但大家辛辛苦苦弄来即将到手的粮食却没能得到，大家感到非常可惜。

后来组织上又决定让郑光明带一个连去马尔康大藏寺运粮。大藏寺要从马尔康大郎足沟进去，因为山高谷狭，给人的感觉是阴森森的。她们在进沟不远的路旁搭了个窝棚，有个病人实在无法走，就让她在窝棚里休息，可等她们第二天运粮回来时，已经不见人了。从大藏寺运粮到卓克基、梭磨，那一带没有遇上敌人，也没有打仗，任务完成得比较好。

不久郑光明接到组织上的通知，要她们去邓家桥，然后到松岗，郑光明回忆这段历程时，心情比较沉重，因为她们来自鄂豫皖的事务长，就在那时病死在了异地他乡。到了松岗以后，她们在松岗住了很长一段时间。有一次，营长林月琴分配她带着黄秀英到邓家桥地里去割麻打草鞋，她们背着当地老百姓背的那种尖底背篓出发，但因邓家桥对河有敌人的哨兵，她俩只好用一块银元向老百姓买了一背篓麻。

一天，总供给部郑义斋部长到松岗来了，他通知工兵营说："不去草地了，要南下。"当时郑光明也不知道这是张国焘分裂党中央的错误决定，她还感到非常高兴，认为不去草地，南下可以吃上大米。部队又转移到了懋功，从懋功翻夹金山到天全、芦山……组织上给郑光明她们的任务是到十八道水运粮。

在芦山，郑光明仍在供给部工作，她那时是青年团员。在芦山住了一段时间，由于国民党二十四军的阻击，部队损失很大，不能再前进了，她所在的工兵营，又从天全、芦山，经宝兴，再次翻夹金山返回懋功，再翻党岭山。党岭山杳无人烟，海拔4500米高。党岭山山高路险，风雪迷漫，逼得人每走一步都气喘吁吁，但郑光明她们想到后方医院的女同志们凭着坚韧不拔的精神，为了完成给伤病员运粮任务，几次翻过党岭山的情景，便硬是咬着牙忍受着剧烈的头痛，翻过了党岭山到达了目的地。

1936年1月郑光明在芦山进了红军党校，记得学校为纪念"五卅"运动搞了一次很有趣的游戏，就是认野菜，用红绳把野菜拴着，再让大家去认，比赛看谁认得多。后来郑光明就在红军党校转了党，成了一名光荣的中国共产党党员。她是提前七天毕业的，毕业时康克清同志找她谈话，派她去四方面军一个供给部当指导员，派七十三师的李开英当队长。她愉快地接受了任务。

当她们再次过草地时，组织上派她们到下阿坝去搞粮，她们又辗转来到了阿坝草原。到了查理寺，虽然是给部队运粮，但纪律很严，就是肚子很饿，也不敢随便动用一粒粮食。在草地没有吃的，行军途中看见一根野葱都很高兴，跑出队伍扯起来拿着，到了宿营地，放在面汤里吃，那时吃着真香。

过草地时，当时部队首长徐向前命令给掉队的一些病号每人发些银子，让他们在后面慢慢赶来。有的伤病员遇到土匪，被挥舞着大刀的土匪砍杀了。有个女同志的腿被敌人砍伤了，但没有死，她凭着顽强的毅力，爬着回到了部队。

之后部队又出发，记得经过一条河时，河水齐胸深，政治部主任一直关切地守在河边，命令大家手拉着手过河。因为女战士们行军都是穿草鞋，白天不能走时就晚上走，好多人的脚都打烂或不小心踢在大石头上把脚趾踢伤了，在草地污秽的河水里一浸泡，都觉得疼痛难忍。郑光明她们在没有人烟的草地上艰难地行走了11天，才到了包座，以后又历尽艰辛到了中包座、下包座，之后又走了6天，才走出了草地，到了腊子口。

出了腊子口，一直走到会宁，在会宁和一、二方面军会合，当时红大、党校的同志们，徐向前司令员和郑光明她们都渡过了黄河，但四军、三十一军、三十军、五军被（扼）守在黄河的胡宗南反动军队掐断了，他们没能过去。

后来，郑光明等一些人在青海被俘，被送进了一个羊毛工厂集中做工，陷入了敌人的囹圄。那里是马步芳及"五马"的天下，监守非常严密，是很难脱身的。幸亏1937年国共第二次合作，经过党的营救，我党中央向蒋介石要人，马步芳才不得不把她们放了。被释后经党的安排，先把他们送到了兰州，经平梁到会宁，坐汽车到了西安，在西安又乘火车到了咸阳三家寨住下，那里条件艰苦，没有吃的，只有自己去扯苜蓿做菜。以后陕西行辕又把这部分人弄回西安，交给了党组织，随后她们到了云阳镇，走路回到了延安。

郑光明到了延安，回到了党的怀抱，真像回到了母亲的身边。她怀着无比喜悦的心情，进了抗属学校学文化；之后又进了女大学习。1940年郑光明和龙有志同志结婚，适年她26岁。

新中国成立以后，郑光明回到阔别多年的故乡——四川，先在重庆化龙桥纸厂工作，后又调到灌县省轻工业学校任保卫科副科长，以后又到特种纸厂保卫科工作。

郑光明现已离休，和龙有志同志幸福地安度晚年。他们的子女们，继承了父母的优良传统，正踏着长征的道路奋进。

长征中的宣传分队长

1986年冬天，我们去访问杨登富时，她已经是一位年近古稀的老人了，高高的个子，魁梧的身材，戴了一副老花眼镜。她告诉我们她的眼睛不好使唤了，但看上去身体还可以，给我们的印象是她仍然有军人的气质，质朴，平易近人，和蔼可亲。

杨登富是四川南江县上两区管坝乡人，家里很穷，三四代人都给人家当长工，父亲仅仅因给地主家挑水时把水缸打碎，怕受地主的惩罚便自缢而死了。

红军还未到南江时，反动派宣传共产党是"喝人血，吃童男童女肉的"。当时杨登富还是幼女，家里只得把心爱的女儿藏到山沟里去，小小年纪的杨登富却不大相信当时的反动宣传。红军来了到处宣传"打富济贫"，"红军是为老百姓谋幸福的"，她和家里人听到了乡亲们传来的这个好消息，不久便回到了家中，不仅没见红军杀童男童女，反而还看见不少女红军为穷人办好事。杨登富因家穷得没有吃的，又很羡慕那些女红军，就想参加革命。1933 年 8 月，十四岁的杨登富征得家人的同意，参加了红军，当时被分配在南江县少共妇女部工作，后来又调到少共平溪县委工作，1934 年调到江油、中坝工作了一段时间。她参加革命后工作非常积极，到处宣传动员妇女剪发，动员青年男女参加红军。

1935 年长征开始了，杨登富被编在红九军政治队担任宣传分队队长职务。行军时每人除背上自己的行李外，还要背十五斤口粮。做战地宣传工作，那时没有广播、喇叭这类宣传工具，全凭嘴巴喊话，用政策攻心，向敌人讲明红军的宗旨是"解放穷苦老百姓的"，讲明红军的俘虏政策。敌军中大部分是拉壮丁去的穷苦人，红军就用宣传政策，争取军心，瓦解敌人。

到了雪山草地，背的十五斤口粮早已吃完，生活极为艰苦，尽吃野菜，什么老鸦蒜、树皮、草根、牛皮都吃，到处找能吃的东西，要是拣了几根烂牛骨头就算运气了，用盆子把它煮着，然后放点野菜吃起来还顶香的呢。排长赵竹明意外地发现几堆牛马粪便里还有没有消化的青稞，她像发现了什么珍珠宝贝一样，也不觉得脏和臭，用双手把牛马粪捧在盆里，然后在那又脏又黑的水沟里淘呀淘的，淘了半天居然淘出来约半斤青稞，她把这点青稞分发给了全排战士，每人几粒，在那什么都没有吃的情况下，这几粒粪便里淘出来的青稞，大家也觉得很珍贵。

记得，在金川时老百姓给的只有一点点大的小梨子，都要交到伙房去，让伤病员吃，一般战士只能吃梨叶。

翻雪山，虽穿的都是单衣，但大家还是兴致勃勃地走着，每人发了两个辣椒，走到冷的地方便咬两口，以促进血液循环，身上发热，这样走得快些。爬山很累，但山上是不能休息的，一坐下来就有死的危险。翻夹金山、党岭山感觉都很难受，水也没有，有的人就吃雪吃冰，到党岭山下才有水喝。

在雪山草地上行军，女红军们的一个信念就是坚决不能掉队。为了增加体力，她们心里多么渴望能吃上几口大米饭，能见到汉族人啊！由于几千年的民族隔阂，少数民族不明白共产党和红军的政策，加上张国焘的极"左"路线，她们在少数民族地区行军时遇到了不少麻烦，吃了不少苦头。晚上她们睡觉都是一堆堆的睡在一个地方，为的是遇到敌人袭击时好还击。

在这样艰苦的环境里，女红军战士们还要抬伤病员，力气小的四个人抬一个，力气大一点的就两个人抬一个。杨登富同志回忆说，有次她们三副担架掉了队，被敌人发现，她们很快躲进了阴暗潮湿的森林里，赶紧用水葫芦叶子盖在身上。敌人来搜寻时，担架队员们用力捂着伤病员的嘴，敌人用刀尖向腐质土内戳，有位女红军战士的肋骨都被戳断了，也没有哼一声。十二位女红军就在那阴暗的森林里，度过了一个恐怖的夜晚，在森林里睡了一夜全身湿淋淋的。第二天，天刚麻麻亮，她们侦察到敌人已经走了，才走到路边瞭望，发现后续部队有一个连过来了，赶紧抖去身上的泥土，抬着担架，跟着这个连继续前进。

在少数民族地区，由于语言不通，不能沟通思想，红军通过做工作，请来了一些当地人当通司。当时有的通司只要大烟，而不要银元。部队常常是派一个班，让通司跟着前去探路，为此死了不少的红军战士。

张国焘实行的是极"左"路线，有次晚上行军，本来路就很难走，张国焘传口令，无论谁掉了队，谁掉下河，任何人都不准过问，班长、排长都可以打死人。听到这些毛骨悚然的命令，杨登富产生了动摇情绪，后悔参加红军，但又不敢向任何人表露出对张国焘的不满情绪。由于四方面军的女红军们很团结，所以杨登富这种思想很快也就消失了。

1935 年 9 月，杨登富被分配到了一分医院当副排长，抬担架。那时红四方面军在张国焘的"打到川西吃猪肉、吃大米"的错误口号指挥下，挥师南下。打到天全、芦山时是有些猪肉、大米吃，但敌人的飞机、大炮对红军进行了更疯狂地围、追、堵、截，于红军若干倍的敌人向他们袭来，四方面军失去了阵地，伤亡很大，杨登富她们的队伍不得不又返师往后撤。

1936 年夏天，再过草地，这时杨登富在二分医院抬担架。一天她到河边洗脸，从水中看到了自己衣衫褴褛，蓬头垢面，好似乞丐，她心酸得哭了，但后来她想再困难也要顶住，自己是领导，还有那么多同志跟着自己呢！想到这次过完草地就胜利了，便赶快抹干了脸上的泪水，洗干净了的脸又浮现出了充满希望的神情。

在雪山草地往返几次，两年多时间，本来带的衣服就少，加上日晒雨淋，涉泥潭，钻森林，很多同志衣衫褴褛，实在没有办法，女同志们找根布口袋，将袋底剪个口，袋子两侧各剪开一个口，套在身上就当衣服穿，男同志则将就将口袋围在下身遮一下羞。

走啊！走啊！也不知道走了多少天，终于走出了草地，1936年10月到了甘肃会宁和一、二方面军会师了。那时才有点小米稀饭、大饼吃，才脱下了破烂的军装，换上了干净的军衣。

会宁会师以后，杨登富由于出色地完成了掩护伤病员的任务，1936年底，党吸收了这位坚强的女红军战士加入了伟大的中国共产党。她是多么高兴啊！从一个贫苦农民的女儿，成为一名无产阶级革命战士，她思绪万千，浮想联翩。

1937年杨登富到了延安，组织上分配她在军委当报务员，后来组织上又送她去学校学文化。

新中国成立后，组织上安排杨登富在重庆西南军区军法处工作。1954年动员女同志下地方，组织上动员她带头转业到地方，分配她到重庆中级人民法院工作。之后又调她到宜宾市工作，担任市邮电局书记，后来调专区邮电局任副局长。"文化大革命"中，她和老伴原宜宾军分区政委王富德同志，在宜宾受尽了四人帮及其爪牙的折磨，"文化大革命"后期杨登富同志调到了四川省邮电局工作。虽然她老伴已去世，但她和子女们、孙女们一起，过着幸福的晚年生活。

长征路上的卫生兵

当我们去成都中医学院宿舍访问女红军张艺时，看见一位满头银丝，精神矍铄，气质不凡的老人提着个菜篮，正准备去市场买菜，不知什么原因，我突然觉得她可能就是我们要寻找的张艺同志。我们向前询问，结果不出所料，站在我们面前的，就是我们要访问的张艺同志。

她马上让我们到她家里，热情地接待了我们，当我们说明了来意后，她想了想便向我们谈起了长征中一段耐人寻味的往事。

张艺今年已73岁了，是四川宣汉人，1933年6月参加红军。开始在"妇女生活改善委员会"工作，这是1933年初，在打土豪分田地的斗争中，为了把妇女组织起来闹革命而建立的妇女组织。她的任务是宣传妇女如何才能得到解放，动员妇女参加红军，做扩大红军的工作。以后张艺又到了川陕省委宣传队，做了不少群众工作，宣传红军的方针政策，组织赤卫队、童子团站岗放哨，动员男、女青年参加革命。

8月，张琴秋把她调去总医院工作，那段时间里主要是动员妇女送丈夫去戒大烟。因为要男人戒大烟，靠妻子去做工作效果好些。

张艺同志告诉我们：

"当时动员妇女参军也是很不容易的，因为妇女过去受封建思想束缚，家庭的阻力较大，所以必须要做很多工作，军委总部和川陕省委，对妇女工作极为重视，做了不少工作，所以川陕根据地大批妇女参加了红军。通江城内到处都可以看到女同志，放哨的是女同志，维持秩序的是女同志，省委下面还有一大批女同志，如医院卫生队照顾伤病员的，洗衣队的，行军时抬担架的，打粮的，采购的等等，甚至号兵也是女同志。号兵很辛苦，很早起床，不等小便就要吹号，常常用劲吹号时小便就顺着裤子往下流，裤子都湿透了。"

"1935年春天，长征开始，我们是从江油到茂县，去杂谷脑，然后到大藏寺，这是第一次过草地。过草地时女同志是很艰苦的。女同志们的月经一来，走路把腿都擦烂了，蹚水过河，河水都红了。我参军时已20岁，身体还比较好，当时医疗条件差得很，我们给伤病员换药，用纸涂点油膏就敷上了，伤口化了脓的才用锰强灰（注：过锰酸钾）洗洗。在草地睡一晚上会死不少的人，我们在大藏寺时就丢了很多伤病员。过草地真不容易。"

"由于张国焘的分裂主义，他喊的口号是

'打到成都吃大米'，欺骗了四方面军的红军战士，因此第一次过草地就没能过去。返回来到了芦山，在那里住了一段时间，又丢了一些伤病员，那是 1935 年的冬天。当时我是政治战士，担任班长。以后又翻夹金山，很多人都不行了。第二次大雪封山，遇到风绞雪，我们红军战士衣裳单薄，上面穿一身单衣，下面又是短裤，风卷着雪花迎面吹来，真像一把利刀刮在脸上，腿冻得僵直，几乎迈不开步子，头也沉得很，真想坐下来休息一会儿。但山上不能坐，如果坐下来就别想再爬起来了。这时心里想到反正都是死，就使尽全身力气往上爬，终手爬上了山顶。下山的路上慢慢走，身子也觉得越来越轻松了。我们走到懋功的达维时，看见森林里死了一堆堆的红军战士，大家心里十分悲痛，找来了一些树丫枝盖在死者身上，以表示我们对战友的一点悼念之情。在那极度疲乏的情况下，什么也顾不得了，我们就睡在那一片死了的红军及伤病员的旁边，有的人甚至就睡在盖死者的树枝上。"

"后来，我们又走到金川，我在三分医院主要搞护理伤病员的工作。那时药少得很，有的伤员伤口上长了一堆堆的蛆，但没有药给他们换，见到这种情况我心里非常难过，可又有什么办法呢？我们的药还是在达县时，从大军阀刘存厚开的医院里弄来的，少得可怜。没有纱布，我们就将只要能用来敷药的纸拣回来，以便敷药时用。"

"在金川时，没有吃的，吃了很多树皮、草根，撤离时，没有办法将伤病员撤走，就把他们留在那里了。后来又走到毛儿盖，当时是总医院的徐科清带队，他是我们原来的政治部主任。女同志们最怕掉队，每天都是尽力赶路，生怕掉了队，当时少数民族中有的人，受了坏人的影响，因此对红军的敌对情绪很严重，有的地方把女红军杀死后，割下乳房，或下身里打进木桩，或把衣服剥得精光吊捆在树上，真是惨不忍睹。但这些并没有吓倒女红军战士，相反更激起了我们对敌人的极端仇恨，更坚定了我们革命的信心。"

"记得有个叫杨春英的女红军，在草地掉了队，遇到敌人把她的衣服脱得光光的，还好，没有把她杀死，第二天她又跑回来找到我们了。"

"过草地没有吃的，我们吃些野菜度日，拣到牛皮就在火上烧，把毛毛烧掉刨一下就煮着吃，后来实在没有办法，就把驮元宝（银元）的马、牦牛也杀来吃了，把银子分给大家背着走。走着，走着，实在背不动了，就把银子也丢了。到了目的地，领导上要我们交出银子，我们照实说：实在背不动丢了，不相信就来搜身吧！领导也没有办法，只好算了。"

"后来第二次过草地，过黄河时，我就调到红二方面军去了，而四方面军妇女独立团很多女同志编入了西路军妇女先锋团。过了黄河到甘肃后，被马家匪帮围困，寡不敌众，'妇女先锋团'就此结束了她光辉的历程。妇女先锋团的战士们，有不少人以身殉难于大西北荒原；不少人受尽折磨和凌辱，留下残身，苦度一生；只有少数战士，历尽艰辛逃出了敌人的魔掌，回到了自己队伍里来。"

1936年10月，张艺跟随红二方面军到达延安，组织上分配她去延安党校卫生所工作，以后又调鲁艺卫生所，后来调晋绥军区医院担任保管和司药工作。新中国成立以后调西南军区卫生部工作。西南军区撤销后转业到地方，调成都中医学院工作，担任过成都中医学院药厂副厂长，膳食科副科长等工作，直到1983年离休。

张艺同志从参加红军，就一直战斗在卫生战线，救死扶伤，不辞劳苦，把毕生精力贡献给了党和人民。离休后她和老伴即红一方面军老红军许永安住在成都，过着幸福的晚年。

从穷孩子到女红军战士

张惠同志的家住在南部县，祖祖辈辈都是穷人，长年累月给地主当牛作马。父亲和几个叔叔都给地主做活，哥哥帮地主徐广文家背盐巴到陕西去卖。因家里缺吃少穿，她从小就跟着母亲在外讨饭维持生活。

父亲会做针线活，经常有人借做衣服为名到家里来，悄悄给父亲讲："共产党、红军是为穷人的。"因此，父亲常常给地下党传递情报、送信等。

1932年初，国民党军阀加紧镇压革命运动，到处捉人杀人，白色恐怖日益加深，由于叛徒出卖，地下党组织遭到破坏，她的父亲也被敌人杀害了。父亲被杀后，几个叔叔逃到了外乡，她和母亲只有到外乡水观音、复兴场等地讨饭吃。哥哥背盐到陕西后，1932年自己投奔了红军。1933年7月份，哥哥从陕西化装回来找到她们，他讲："红军很快就要打到我们这里来了，红军是为穷人打土豪、分田地的军队。"果然在同年12月红军到了阆南地区，穷苦百姓终于盼来了出头的日子。

哥哥动员她和几位妇女参加红军。张惠刚参加红军时，在苏维埃政府做扩大红军队伍的工作，以后调到红九军八十一团宣传队当队长。1934年为了粉碎刘湘、田颂尧的"六路围攻"，红军逐渐收缩阵地，她随军到仪陇、恩阳去巴中，还是做扩大红军的工作，组织少先队儿童团站岗放哨，并对敌宣传红军的政策。

由于当时形势紧迫，她们宣传队几位女同志主动要求到妇女独立营去参加战斗。刚好，妇女独立营到旺苍坝后，正在进行扩编，准备成立妇女独立团，扩编的对象是妇女宣传队的和西撤的地方干部。组织上批准她们几个同志去妇女独立团，她的愿望终于实现了。1935年初，她和宋以田、李有玲、黄秀英、张国秀、刘有桂等六个女同志，到了妇女独立团一营二连，张惠当了五班长，不久又当了二排长。

她回忆说："记得，一件有趣的事，调到妇女独立团后，我们都把头剃得光光的，穿上新军装，打起绑带，戴上斗笠，背上步枪，和男战士一模一样。我们到村子里去宿营时，还闹笑话呢！老乡们认为我们是男人，不让我们进妇女的房间，不让我们和妇女拉话和接触，妇女们见了我们躲躲闪闪，我们向她们说明情况后，有的人还是不相信，有的女红军把耳朵给她们看，见耳朵上有穿过戴耳环的眼孔，她们才相信真是女红军了。"

为了迎接新的战斗任务，紧张的军事训练开始了，她们天不亮就起床出操、爬山，早饭后作列队训练，练习瞄准、射击、投弹、刺杀，有时还到野外去演习，这种生活虽然严格紧张，但很活泼愉快，大家心里非常高兴，一有空就唱起歌来，到处都洋溢着女战士们的歌声。有首歌的歌词大意是："栀子花儿瓣瓣香，你是谁家小姑娘，人又小来生得好，包包拿起给背上，你要背来背过河，回家好去见婆婆，婆婆问你是哪个，她就是红军哥哥。"

1935 年 5 月上旬，总部命令她们营掩护旺苍银行转移，她们不但要背着银行的物资，还要背着武器随时准备和敌人战斗。由于她们掌握了敌情，所以比较安全的到达了庙儿湾，翻山到达木门、长赤，在嘉陵江河畔住了一夜，然后随军进住江油一个多月。不久总部命令她们急行军，到了茂县，后又出发去理番。

红军进入少数民族地区以后，由于少数民族地区人民受反动派的压迫、剥削、愚弄，他们不知道红军是什么样的军队，也不懂红军的政策，加上军阀反动统治阶级四面围攻，进行反共宣传，欺骗人民群众，因此红军每到一个村寨，当地的人民就逃跑一空，有时一个村寨仅有一两个跑不动的老年人，这样就给红军过草地时粮食供给带来了很大困难。因此必须要把逃走的老百姓动员回村寨来。

红军要做宣传工作，由于语言不通，说话不懂，风俗习惯不同，虽然当时找了些通司，这些人中有的是到少数民族地区经商的汉人，也有极少数本地觉悟了的少数民族群众，但要宣传好党和红军的政策，做好思想政治工作也是很困难的。

记得，红军到了理番县，吃过晚饭不久，忽然听到远处有马蹄声传来，接着有人问："妇女独立团一、二营在哪里?"宣传队长赵元兴问来人:"有什么紧急任务?"来人回答:"有命令要一、二营各派一个连明天一早赶到杂谷脑去执行任务。"

第二天一早,她们就急行军赶到杂谷脑,听说杂谷脑对面半山上有座喇嘛寺,少数反动喇嘛纠集群众企图阻止红军前进。省委妇女部部长张琴秋和三十三军军长王维舟同志也来了,部队集合好以后,王军长讲话:"同志们:你们虽然是女同志,但都是党的好儿女,红军的好战士,我相信你们能拿下喇嘛寺,完成党交给你们的光荣任务。"接着他交待了作战方案和意图,然后大家分头作准备。一听说要打仗,她们都非常高兴,纷纷表示:一定要打好这一仗,完成党交给我们的战斗任务。

第二天拂晓,红军分成三路从正面、侧面、寺庙的背后山上向喇嘛寺逼近。黄瓦灰墙的喇嘛寺,耸立在杂谷脑对面的半山腰。一批披着宗教外衣,一贯残害人民,企图阻止红军前进的反动势力盘踞在那里。女红军们刚上去,敌人就发觉了,立即向红军打枪、开炮,敌人用的是土炮,一炮打来就是一大片。敌人凭借着高墙厚壁,以为红军打不进去,企图顽抗到底。战斗十分激烈,女红军凭着战斗经验和自身的机智勇敢,拿下了喇嘛寺。

打下喇嘛寺以后，张惠所在的连队又接受了运粮和后方警戒的任务。一连二排留下来完成保卫省委、银行等机关，看守保卫局关押的犯人和警戒桥梁的任务。

负责向前方运粮的同志，每人背着七八十斤重的粮食和牛肉干，从杂谷脑运往马尔康，跋山涉水，每天要走八十多里，要走几天才能到达目的地，但当时从没有人有怨言，任务完成得很好。

六月下旬她们又返回杂谷脑，掩护省委、银行等机关向卓克基、马尔康、查理寺等地前进。从杂谷脑到查理寺大约有五百多二百五十多公里，翻山越岭、道路崎岖，特别是卓克基到马尔康的一段路是很不好走的，不是过河就是翻山，一上一下，身子只能擦着山边走去，往下看是悬岩深渊，如果一不小心滑下去连尸体也找不到。加上当时正逢雨季，天气变幻无常，一会儿下雨，一会儿下冰雹，道路泥泞难走，途中还常常遇到反动派向她们打冷枪，或者把大石头从山顶往下推，企图砸在她们的头上。在这样恶劣的环境中，女红军们白天掩护省委、银行等机关，晚上就在大树下宿营。

虽然大家走得很累，很辛苦，但一住下来，就分工合作，有的找野菜，有的找柴，有的端水，有的生火，同志们围着一堆堆篝火，唱起了

"八月桂花遍地开，鲜红的旗帜竖呀竖起来，唱一支国际歌，建立苏维埃"等歌，清脆的歌声，常常响彻草原夜空。充分体现了红军女战士们的革命乐观主义精神。

到达查理寺第四天，组织上就调张惠同志回省委游击队，给张琴秋大姐当警卫员，她离开了朝夕相处的妇女独立团的姐妹们，走向了新的生活和工作岗位。但没过多久，因工作需要她又离开琴秋大姐回到妇女独立团。

以后，又到黑水芦花去搞粮食，这些地方人烟稀少，经常走几十里或百多里路，都看不到一个村庄，甚至成天都在崇山峻岭或在森林中转，不知道到了什么地方，也不知道走了多少路程。

黑水芦花这带的村寨不大，人口稀少，出产的农作物不多，红军这样庞大的部队来到一个地区，要解决粮食，其困难程度是可以想象的。出发时每人只发了5斤糌粑面，在路上就已吃了一半，到了芦花时只有少量糌粑了，不敢多吃，只能用一些青稞麦和野菜煮着吃。过了十多天青稞麦也不多了，就搞些牦牛肉吃，没有盐，加上牛肉没有烧熟，吃了几天后，有的人呕吐，有的人拉肚子，有的人晕倒了。

不久，她们到了毛儿盖，接着又从毛儿盖出发，经过草地，大家都担心遭到少数民族骑兵的袭击。粮食问题无法解决，只有吃野菜和野果子，死马肉，甚至皮带、树皮、苦苦菜来充饥。红军战士在草地牺牲不少，团部政委受重伤，宣传队队长赵元兴同志也受了伤，行动很不方便。有的部队把牲口杀来吃了，只好自己背着毯子、打着赤脚回到毛儿盖，有的同志，觉得过草地比过雪山更难走。草地到处是沼泽，没有路，一不小心踩在沼泽里就会陷入泥潭，被泥潭吞没。这时领导上又决定让她们离开毛儿盖去找粮食。政治部参加过南昌起义的张树才同志和参加过井冈山战斗的李主任，一路上给她们讲南昌起义和井冈山战斗艰苦奋斗的故事，鼓舞同志们的斗志，希望大家在战斗中不要被困难吓倒，当时部队爬了许多崇山峻岭，穿过了不少森林，在崎岖的征途上艰难前进。

　　经过草地时，由于长期缺粮，部队差不多都是吃的青稞麦和野菜，吃进去的青稞麦消化不了又便出来，伤病员不断增加，一路上常常有同志掉队，领导非常关心同志们，鼓励大家前进，还帮战士们背枪，把马让给伤病员骑。

　　有一天，到了一条河边，上级命令徒步过河。河面不过一百来米宽，最深的地方可能只有齐腰的水位，可是水流急，如果是在长征刚到草地时，那算不了什么，但她们现在经反复过草地，身体虚弱，已体力不支，一不小心就会被河水卷走。红九军几位军法干事为探河水深浅，连人带马被河水冲走了，同志们心里难过极了，都默不作声，低下头悼念被河水冲走而牺牲的几个同志。后来领导发动全体同志，帮助工兵团架桥，要求架桥的任务要在天亮前完成。这样干部、战士、炊事员、司号员，全部投入了架桥工作。第二天黎明，一座浮桥便横跨在了河面，出现在红军战士的眼前，同志们踏过浮桥，终于走出了草地，踏上了新的征程。

光荣而艰辛的炊事兵

侯立珍是达县专区万源县罗文区罗文乡人，今年 71 岁。小时候她家很穷，父母死得早，父亲、母亲、爷爷、奶奶都是害"窝窝寒"死的。大哥帮地主家干活死在地主家。二哥被团防局抓壮丁，说是去打神兵，谁知三天后却被人抬了回来，他被打死了。家里人死光了，只剩下嫁给姑妈家表哥的姐姐。孤苦伶仃的侯立珍，只好由姑妈收养。那时她还小，她还吃过姐姐的奶，后来长大到能记事的时候，姑妈告诉她：你是戊戌年生的，如果你不好记，就记住像老太婆纺棉花一样呜呜呜的声音，那就是你出生的年辰。

侯立珍在姑妈和姐姐的精心照料下，逐渐长大成人。1933 年 10 月，侯立珍决心告别姑妈和姐姐走自己的人生道路，参加中国工农红军。她刚参军时，在三十军政治部工作。1934 年部队撤

女红军过雪山草地的故事——

115

退到庙儿湾，她被调到了妇女独立团。妇女独立团是一个师的编制，下辖两个团，一团团长是曾广澜，张琴秋是妇女独立师师长兼二团团长。侯立珍参军后分配给张琴秋当通讯员，后来又调到二营三连当排长，二营的营长是吴朝祥。以后二团行军到永宁铺后，又调了一个教导员来。

妇女独立团的任务繁杂，除必须的战斗和警戒外，还要负责搞粮食、转医院的病号、背枪支弹药及一些简单的行装。抬担架是经常的事，大个子有时是四个人抬一个伤员，小个子六个人抬一个伤员。有时还要背锣锅，抬药箱子，护理伤病员。那时大家非常团结，什么事都互相帮助，有如亲兄弟姐妹一样。

一次，行军到杂谷脑时，因为缺水，病号在少数民族房顶上抢水喝，将石头蹬了下来砸伤了寨房脚沿下休息的侯立珍。侯立珍头部受伤，在杂谷脑一个医院治疗，病稍好后，因为她是共青团员，按当时规定只有党、团员才能进厨房，所以她被调到四方面军四分医院当炊事员。向来是组织上叫干啥就干啥的侯立珍，服从组织决定，接受了这一任务。四分医院院长是金朝典，队长是女红军何正南，排长是女红军张志中。红军的军纪是很严的，记得有个姓侯的绰号叫"歪嘴猴子"，是炊事班正排级干部，由于违反军纪，关了几次禁闭，后来被撤了职，下到自动营去抬担架了。

那时的女红军思想很单纯，思想上想的，第一，是努力完成组织上给的任务。第二，是不掉队，不当俘虏。

过了理番，慢慢进入了草地，在草地女同志都是并排着走，生怕有人掉队，那些浅山上都埋伏着敌人，随时都有可能袭击红军。尽管草地的水又黑又脏，也要用来充饥充渴。当时没吃的，野菜被前面部队扯光了，后面的只有吃树皮、草根。即使这样女同志也相当的团结，谁有一点吃的，就拿出来分着让每人吃一点。

在草地当炊事员除背大锣锅外，还要背一把干柴，早上起得很早，走在队伍前面，一到宿营地，就把锣锅支起，到处找野菜。偶尔找到一块牛骨头，也要把它洗干净砸一下，放在锅里，和找来的野菜放在水里一起煮，再撒上几把玉米或青稞粗珍珍（磨得较粗的玉米或青稞），煮好后一人分食一碗。后来是有什么就煮什么，到最后什么也没有，锣锅背着也没用了，到了没有人烟的地方，就把锣锅丢了。战士们只好自己找野菜，自己用一个小盅盅煮东西吃、烧水喝。

到了下包座，实在没有吃的，部队出去搞粮食，到离包座不远的一个山沟里，去剥少数民族同胞种的豌豆、胡豆，部队去了三十几个人，谁知在那深深的山沟里，埋伏着敌人，三十多位同志没有思想准备，被敌人用大刀活活砍死。这一批战士就这样葬身在雪山草地了。由于张国焘分裂党，四方面军牺牲了不少红军。

过雪山草地时，大家相互鼓励不要掉队。记得翻党岭山时，由于气候变化无穷，死了不少人。刚上山时还是晴天，一会儿就是大雪飞扬，冰雹漫天，天公好像也在助纣为虐，想将红军置于死地，全部埋藏在这冰峰雪岭之中。但英勇的红军并没有被这狂虐的风雪所吓倒，他们咬紧牙关，挣扎着向党岭山的山顶攀去，真有一股子"不到长城非好汉"的气慨。侯立珍她们炊事排，有个叫景秀英的女红军，走上山后头痛得厉害，全身无力，实在不能行动了，想坐下来休息。侯立珍早就听人讲过，在这种空气稀薄、风雪严寒的雪山上，只要一坐下休息就会死去，她没有让景秀英休息，尽管自己已精疲力竭，仍然鼓足余勇，又是推、又是拉的，将景秀英拖着一步步朝山顶攀，实在攀不动了，就在地上爬，就这样，她和景秀英终于爬过了党岭山。

1936 年 10 月，她们走出了雪山草地，来到了陕西庆阳，红军进行整编。当时说是不要女兵了，认为红军队伍里有女兵不光彩，年龄大一点的有的就留在陕西和老百姓结婚，有的往医院分，年龄小一点的被编进一个营到了延安。当时女红军们思想很混乱，想不通，她们在最困难的时候为革命献出了自己的一切，而现在胜利了却不要女兵了。她先被分配在医院，开头她不愿去，就坐在路边哭，妇女连连长王贵清看见后问她："小鬼，你在这里哭什么？"侯立珍说她不愿去医院，王贵清就叫她回连队，侯立珍才到了妇女营，后来随妇女营到了延安。

侯立珍到延安后，领导上组织她们学文化，每天发个纸条，上面有三个字，要学会认、写，并且还要会用。那时她十分珍惜这来之不易的学习机会，成天努力学习，就是在那里这位出身贫寒的女红军战士才开始学习一些文化知识。

1947 年，侯立珍离开延安，之后又到西安。在西安时因病下到地方工作，新中国成立后和老伴王能义一道回四川工作，在成都东门外钢铁厂搞党、团工作，以后又和爱人一起调到了"五二〇"厂。

侯立珍现已离休，和老伴王能义一道安度幸福的晚年。

小红军战士

1986 年 12 月初和 1987 年冬天我们两次到离成都草堂祠不远的西南地质局宿舍拜访了当年的小红军吴桂莲。

我们说明来意后吴桂莲和她的老伴马汝其非常热情地接待了我们。马汝其同志笑盈盈地对我们讲："你们阿坝州我也去过。当时我是在一方面军。后来到了延安，就在毛主席的警卫连里工作。"

随即吴桂莲向我们谈起了她在长征中一段难忘的经历。她是南江县人，出生在南江县的一个大山沟里，家里一贫如洗，什么东西都没有。她的父亲才七八岁的时候祖父母就因为贫困，生活无着而离开了人世，留给她父亲的仅有一个破鼎罐罐，和地主吴三狼家的几块钱的阎王债。祖父母去世后，她父亲被吴家抓去顶债，在吴家受尽欺凌和压迫。

她父亲到 38 岁的那年才和她母亲结婚，算是有了个家，租种了地主的地，每年都有交不完的租和税，辛辛苦苦，脸朝黄土背朝天，可一年到头打下的粮食连租子都交不够，一家大小没吃没穿，常常挖野菜、树皮、草根充塞饥肠，苦日子真难熬。

1933 年的春天，红军来到了小吴桂莲的家乡。红军向老百姓宣传"共产党领导的工农红军是咱们穷人的队伍，是为穷人谋利益求解放的"，"红军要彻底解放受苦受难的劳动人民，彻底推翻人吃人的剥削制度"。

小吴桂莲亲眼见到了红军，她十分羡慕那些精神抖擞的女红军，特别是当她听到女红军们那富有感染力的宣传，看见了那些雄赳赳气昂昂的女兵时，她陶醉了，热血沸腾了，在心里盘算着，要是我能参加红军该有多好啊！我也要像他们那样为贫苦老百姓翻身求解放。

1933年9月的一个夜晚，一家人都安静地入睡了，只有小吴桂莲却翻来覆去地睡不着觉，思想激烈地斗争，她想参军，但又有些舍不得家里70多岁的老父亲，觉得自己没有尽孝敬之心。既而她又想，自己是个女孩子，留下也不能在家长期照顾他老人家，反正家里还有哥哥嫂子，就让他们替我尽孝吧。思前想后，最后下定决心去参加红军，并且一定要远走高飞。因为她想，如果走得不远，可怜的父亲一定会来把她找回去的。

9月13日一大清早，她没有告诉家里任何人，离开了生她养她的这个家，跋山涉水，走了六七十里路，来到了关陆口区苏维埃，找到那里的内务要求参军。开始他们都不愿收留她，因为吴桂莲个子十分矮小，快满14岁的她，看上去只有七八岁的孩子那么高。可小桂莲不气馁，生怕部队不要她，吃过晚饭，赶快洗碗扫地，什么都争着干，内务同志勉强把她收留了下来。事情真凑巧，那天晚上区苏维埃里住着三十一军九十一师师经理处运输队的同志，小桂莲想远走高飞，走得越远越好，她鼓足勇气问："红军叔叔你们那里有没有女兵？""女兵是有的，但是你太小了，当红军是很艰苦的，你吃得消吗？"她赶忙回答:"再艰苦我也不怕,我能克服。""到我们部队还有一百六十里路,你走得动吗?"她坚强地回答:"就是二百六十里我也走得到。"第二天她便跟着三十一军九十一师师经理处运输队的红军上路了。一路上跋山涉水,第二天下午大约三点过才到达部队驻地红江县,这里离南江县她家足有二百多里地,她心里悬着的一块石头落下了,父亲不会跑这么远来找,他绝对不会知道小桂莲到什么地方去了。

一位红军把她领到女兵班,班长姓陆,和其他几位大姐热情地接待了她,她觉得她们是那样真诚,对她比亲生姊妹还要亲。在她们的帮助下,她剪去了又细、又黄的小辫子,领来了新的军装,换了衣服,戴上有红五星的八角帽。这么一打扮,小桂莲还真成了一名红军女战士了,她高兴得一夜未睡。她想,一个受尽压迫剥削受尽苦难的女孩子,当上了红军战士,不容易啊!她下定决心跟着红军干一辈子革命。

1934 年春天开始,由于形势不断地变化,部队也开始间断地行军,她们几乎踏遍了川北的山山水水。有时急行军下来,脚上打起一串串的血泡,走起路来真是疼痛难忍,但她一想起未参军前的苦日子,这点泡也就算不得什么,何况自己是自愿参加红军的,再苦再累也在所不惜。

1934 年 6 月,她调到三十军医院洗衣队,这个洗衣队又承担了运输任务，行军的伤病员吃的粮食全靠女同志们运，不管年龄大小每人背一袋，约四五十斤，虽然有些吃力，小桂莲也不服输，和大家一样背一袋。

1934年12月吴桂莲所在的连队调到三十军兵工厂，工作更忙了，不光行军日夜兼程，驻扎后还要马上给前方的战士们缝制急需的米袋、绑带、子弹袋、鞋子、袜子、衣服等急需用品。

1935年二三月四方面军长征开始了，她们身上背着三根小米袋和一根大米袋，两支步枪和自己的少许行李，日夜兼程地行军，五月底渐渐地进入了少数民族地区。到了少数民族地区后吃住都很困难，因为那里人烟稀少，吃的也和川北地区不一样，天上有飞机不时地飞来侦察和袭击，后面还有敌人在围追堵截，加之气候十分炎热，又是急行军，一路上连冷水都喝不上一口，好多同志都受了热。小桂莲的眼睛肿得像桃子那么大，后来什么也看不见了，组织上把她送进了医院。因为医疗条件相当差，只有用硼酸膏贴，十多天以后，眼肿消失了，但双目失明，什么也看不见，她心里十分着急。连长和同志们都来安慰她。部队又要行军了，她对连长说："要是马上行军就不要管我了，不然要拖累你们和整个部队行军。"连长、排长和同志们总是那么耐心地劝说和鼓励她，希望她能继续前进，告诉她红军打仗是有许多困难的，但是红军有远大的理想和革命目标，有严密的组织纪律，有亲如兄弟姊妹般的情谊，不能丢下她不管。连长派了两个同志牵着她走，遇到难走的地方就背着她走，她拄着根棍，被亲如姊妹的同志牵着，不知翻了多少山，走了多长的路。后来，她的眼睛渐渐地好了，不由得激动万分，是同志们的关心和爱护，她才得以重见光明。

1935 年 6 月，他们走到了少数民族地区，那里人烟稀少，加之语言也不通，困难之大可想而知。红军未来之前反动派就造谣说"红军来了要把老百姓斩绝"，老百姓不明真相，都跑到深山老林躲藏起来。这时尽管背的干粮已吃光了，但红军坚决执行党的民族政策，没动群众一针一线，一草一木，并派人深入到山林里做宣传工作，使穷苦老百姓慢慢地回到了自己的寨子。可是少数民族地区，地广人稀，粮食仍不够吃，部队便向他们买了一些牛，把牛杀后熏成牛肉干当干粮，每人发三两，并发了少许的干粮，作为过大雪山时吃的粮食。记不清楚是 6 月还是 7 月，一天下午，在雪山脚下大森林里的宿营地，首长给他们讲话说："现在到了大雪山脚下了，明天三四点钟就出发爬雪山，中午以前一定要翻过山，因为山上空气稀薄，气候变幻无常，午后就有可能下雪，下冰雹，大家要发扬红军战无不胜，攻无不克的革命精神，去征服这座大雪山。"最后还布置大家做好一切翻越雪山的准备工作，每人带上二三根用柏树皮扎的火把，以便照路和防冻。首长告诉大家，因为山上空气稀薄，翻越雪山时要注意前后照应，要发扬阶级友爱的精神，帮助体弱的同志克服前进中的困难。

　　第二天凌晨三点钟部队就出发了，两个人一根火把，大家把火把燃着，队伍像一条火龙向蜿蜒曲折的大雪山伸延。天刚亮，队伍就已经到了半山腰，往山顶望去，好像山连着天，有的地方积雪竟有一二尺厚，岩上的冰柱粗的有小木桶那么粗，小的也有大碗口粗。没有路，大家只有随先遣部队踩出的一条泥泞小道前进。红军战士们的脚上都只穿了一双草鞋，衣服还是参军时发的那一套单薄的衣服，身上背着一个小床单，一步一滑，艰难地行走着。吴桂莲班上有个叫冯秀英的同志，身体差，忽然晕倒了，大家就把她的行李分着背上，几个同志替换着将冯秀英背着艰难地往山上爬，爬呀、爬呀，终于爬上了山顶。站在离天只有几尺高的山顶上看，什么也没有，只有白茫茫的一片雪地，晃得人睁不开眼，多看一会儿眼睛就会被刺得发痛。因为山高、空气稀薄，大家都感到呼吸困难，下山时，才轻松了些。下午六点钟左右，队伍到了山脚下一个灌木林中，大家放下行李赶忙去寻找能吃的野菜，然后捡了三个石头支起来当灶，捡些干柴火，放在下面烧，上面就放上脸盆，周围放些茶缸、饭盒，煮着野菜吃。虽然行军这么艰苦，生活这么艰辛，但大家从不喊累和苦。到了歇息的时候，大家还唱着《行军歌》、《游击队歌》，总是那么的欢乐和愉快。

有一次她们爬过雪山后，又走了一天一夜，来到毛儿盖，大家出去找能吃的东西，突然在山上找到了一大批奴隶主隐藏起来的上等糌粑、干牛肉、干羊肉，大家高兴极了。因为老百姓都躲起来了，部队在地里割下老百姓种的青稞穗子后，只好在地里埋上相等的钱，然后把麦穗放在热锅里炒熟，再用手来搓，搓得手板心血珠直冒，战士们诙谐地说，啊！这是红配绿，真好看呀！

要过草地时，每个人都准备好了一小袋炒面，一小袋熟青稞。六月底的一天，军首长在动员大会上讲："现在我们过草地的准备工作基本上做好了，大约要走七八天没有人烟没有路的草地，分四路纵队走，千万不能掉队。草地是软绵绵的烂沼泽地，不注意就有陷下去的危险，每天走多少路，要根据侦察的情况来决定，要在树木丛林和有小石头的地方才能宿营，同志们要做好思想准备，总之过草地是很艰苦的。"

第二天凌晨三点，部队分四路纵队出发了。

天是漆黑的，伸手不见五指，路也是稀烂，很不好走。吴桂莲的眼睛得过眼病，夜里行军感到非常困难，在这种情况下，同志们互相关心，互相帮助，大家都知道她视力差，就牵着她慢慢地前进。草地真难走，许多红军讲，它比过雪山更难，没有路，到处都是烂泥，四周是一望无际的水草。她们一直走到中午才到一条有点小石头的沟边，大家休息了一会儿后，用凉水和了点炒面吃了又继续行军，傍晚才在一片灌木林中宿营，一部分同志出去找野菜，一部分同志整理住地。她们真是天当被，地当铺。睡到晚上十点过，天上忽然下起瓢泼大雨来了，把正睡得香甜的女红军战士们全身淋得湿透，醒来后根本无法再入睡，雨一直下到早上五六点钟才停下来。在草地行军总是如此，晚上把衣物等淋湿了，白天又晒干，每天都是早晚吃一顿野菜和青稞煮成的稀糊糊，并且只能吃得半饱。到了最后几天，青稞炒面全吃光了，只能吃野菜充饥。有的同志身体不好，走不动时大家就帮助，扶着或背着走，就这样，她们那个连没有一个人掉队。

有天晚上她们正睡得香甜时，突然紧急集合的号声把她们惊醒了，集合好后首长给大家讲，本来准备休整三天，可是蒋匪帮追来了，不得不马上出发。今晚的行军路很难走，要过一条又宽又深的大河，没有桥也要强渡，还要突破敌人守住的卡子，卡子两面都是山，中间只有一条很窄的小路，过卡子时大家不要说话，有什么事，悄声向后面传，过了大河和小卡子，还要走五六十里路才到大森林里休息，明天中午到喇嘛寺。

6点钟左右，红军队伍就出发了。夜幕降临时一条大河横在他们面前，但它拦不住英勇的红军战士，红军们跳进了齐腰刺骨的河水里，走在前面的就拉着马尾巴，后面的就互相手拉着手，这样没用多长时间，小桂莲她们的部队就全部过了河。半夜到了敌人占据的卡子腊子口，她们轻轻地走过了卡子，等敌人发现她们时，她们已走出了雪山草地。

小吴桂莲原是红四方面军的，但她们的部队是跟着一方面军走出雪山草地的。在行军的路上，有几位年龄大些的女红军和他们同行，其中有个高个子女红军对人很好，和蔼可亲，组织上给她配备的马，她很少骑，常常把马让给伤病员骑，小桂莲问身旁的一位红军："那位同志真好，她是谁？"那位红军告诉小桂莲："她就是毛主席的爱人贺子珍同志。"

一天她们宿营在一个大寨子里，几个同志正准备睡觉，一位女红军来告诉小桂莲以及和她同行的几位小红军："毛主席来看望你们几个小红军来了。"当时毛主席走到她们的住处笑容满面地问："你们几个小同志，这样艰苦的生活和行军，能坚持吗?"她们兴奋地回答:"能坚持,有党和首长的关怀,天大的困难我们也能克服,誓将革命进行到底。"随即毛主席又鼓励他们:"好!我相信你们这些生龙活虎的小红军战士是说得到做得到的。"当天夜里几个小红军战士激动万分,久久不能入睡,过去的放牛娃,今天能受到中央领导人这样的爱护和关怀,他们感到无比的幸福和满足。

1935年9月,他们到达了陕北的吴起镇,10月中旬到达瓦窑堡。不久,总政治部通知吴桂莲,要她去给贺子珍当警卫员,小桂莲非常激动,心想给毛主席的爱人当警卫员就可以经常见到毛主席了。那时贺子珍担任中央银行的行长,她住在瓦窑堡中央银行机关里,住房是个套间,她住里间,小桂莲住外间。主席和贺子珍夫妻感情非常好,小桂莲经常见主席来看贺子珍同志,贺子珍也经常去看望毛主席。

贺子珍同志对小桂莲非常关心,每天教她识三个字,并要她三会:会认、会写、会用,教过以后还要检查,假如没有学会还要耐心地给她讲解,非常关心她各方面的进步。一次得到情报说敌人要来袭击瓦窑堡,贺子珍就叫小桂莲跟着工厂里的人先走。后来平安了,贺子珍才写信叫她回去,当时桂莲人小幼稚,觉得在工厂里人多、热闹,所以她就未回去。她向我们谈起此事时觉得很内疚和遗憾，她说："后来我很后悔，如果同贺子珍同志在一起，那进步一定更快，那时真是太幼稚了。"

1936年底吴桂莲到了延安，在西北军区运输部工作，新中国成立以后她被分配到西南军区后勤运输部家属队任指导员，1952年转业到西南地质调查所，在队上搞人事工作，以后又负责党委办公室工作。1982年离休，在家安度幸福的晚年。她有一个幸福的家庭，两个儿子，两个女儿，老伴马汝其身体也健康。从她身上我们看到了革命老前辈的优秀品质。

藏族人民的革命先辈

纪念红军长征胜利五十周年的时候，我们在北京访问了参加过红军长征的女红军姜秀英同志。

秀英同志现在已是76岁高龄的老人了，但精神还非常好，当我们见到她时，她很兴奋地说："家乡人来了!"非常热情地接待了我们。

秀英同志的一生，是不平凡的一生。她的父亲是个江湖医生，行医到小金后，和她的母亲——一位藏族姑娘班登卓结了婚，从此安家住在懋功县木龙乡王家寨。

父母结婚后，生了四个孩子，秀英是老大，下面还有一个妹妹两个弟弟。她十五岁那年父亲不幸去世，那时大弟弟才八岁，妹妹四岁，小弟弟还在妈妈的肚子里。

为了维持一家人的生活，父亲死后母亲不得不和一个从外地来小金县，帮人打零工的汉人唐福山再婚。母亲给人当奴隶，继父每天在山上挖点药材卖。

年幼的秀英不得不和大弟弟德成，到小金县的新街子、达维等地，走好几十里的山路去帮人背背子（即当脚夫），挣点工钱来添补一家人的生活。山区脚夫生活是相当艰苦的，他（她）们常常是背上背着重重的物资，沿着那羊肠陡坡、悬岩峭壁，用力向上攀登。有时烈日当空，晒得皮肤灼痛，像过火焰山，满身汗如雨注；有时瓢泼大雨淋得全身湿透，任你再累再渴也不能休息，监工们常常扬着长鞭跟在后面，稍不注意就会挨鞭子抽打，一不小心还会摔到深深的山谷里。脚夫的生活，本来就牛马不如，对年幼的姑娘姜秀英来说，那更难熬煎了。

后来继父和母亲商量，因在小金无法谋生就搬到理番县。一家大小从小金出发，翻越直贡大雪山，到了理番县人烟稀少的梭罗沟，在那里人地生疏，她们只有白手起家，靠自己砍木头搭了个棚子，剥下的树皮就盖在上面遮风避雨。在梭罗沟住下后，秀英常常拾柴火、打野菜到很远的杂谷脑镇上去卖。妈妈仍然帮人当奴隶，继父上山挖点药材卖，换回粮食糊口。

两年以后，秀英一家又搬到理番县扑头乡的邱地，母亲给一家富人家看水磨房，那里离杂谷脑大约十来公里，杂谷脑是个藏区小集镇，在那里可以换回生活日需用品和出售自己的农副产品。

到了邱地不久，母亲因为家里生活困难，忍痛将七岁的妹妹姜萍送到当地土司马千总家当娃子，弟弟德成也出去帮人；妈妈把秀英给了杂谷脑河对面营盘街一家姓杨的藏族家当童养媳。秀英的丈夫叫杨长命，长命有些傻，杨家也很穷，到杨家后她仍然到山上森林里打柴火、扯野韭菜到杂谷脑街上去卖。她在杨家依然过着牛马不如的生活。杨家欺压她是外乡人，常常不给她吃饱，动不动就是一阵打骂，没有人同情爱怜她。只是因为她人品好，勤快，爱帮忙，经常帮邻居干点活，好心的邻居们常常悄悄地送给她一些吃的东西。

秀英忍受不了杨家的折磨，逃了出来，可没几天，又被抓了回去，遭到一顿毒打。一年以后秀英生了孩子，月子里得了伤寒病，整天高烧不退。没过几天，孩子夭折了。杨家硬说她中了邪，不准她住在屋里，把她赶到荒山野林的一个山洞里，她靠着嚼野菜、野果，喝点山泉和舔叶片儿上的露水珠儿充饥、解渴，几天以后，烧退了，但却过着野人般的生活。

1935年初夏，营盘街到处流传着红军要来了的消息，杨家全家人跑到山上躲起来，这时他们把秀英找回家里为他们守家。秀英回家不久，红军到了杂谷脑，女红军们去秀英家，有的叫她姐姐、有的叫她妹妹，可亲热啦，秀英觉得非常亲切。女红军告诉秀英说：红军是为穷人谋幸福的。秀英亲眼看见红军为穷人办事，从小到大从来也没有看见过这样好的军队，十分的羡慕女红军们。当她知道女红军们以前都是和她一样的受苦受难时，也萌发了想参加红军的念头。几天后，她鼓起勇气，去找了理番县妇女部部长陈再茹同志，要求参加红军。当陈再茹了解她的情况后，很同情秀英，介绍她参加了红军。从此秀英结束了她苦难的奴隶生活，走上了革命道路。

秀英同志参加红军后，被分配在县保卫局做翻译工作。她工作勤勤恳恳、认真负责，同志们都很喜欢她，特别是陈再茹同志，对她亲如姊妹，经常给她讲革命道理，教她如何工作，如何生活，一直把她带在身边，培养她的工作能力。

不久，部队就要离开杂谷脑，当时秀英同志已有孕在身，陈再茹部长征求她的意见，看她能不能跟部队走，如不行就留下来，她从肺腑里发出了誓言，我宁愿死在路上也要跟着红军走。在秀英同志的心目中，没有什么值得留恋的：自己家很穷，母亲帮不了她什么忙，丈夫又是个白痴，而婆家给她的只有苦难。

临行前，她十分想念可怜的妈妈、弟弟、妹妹。她向领导请示，要在部队经过扑头时去邱地磨房看看母亲，领导同意了，为了安全起见，组织上还派了一名男同志陪她一道回家看望母亲。

部队路过扑头时，忽然，从队伍里跑出来一位女红军，走到班登卓身旁，摇着她的身子高兴地叫妈妈："妈妈你不认识我了呀！"妈妈一时发呆，没有反应过来，姜萍和弟弟激动得直跳："妈妈，是姐姐呀！"秀英同志放开妈妈，又将弟妹十分亲热地拉在身旁。她告诉妈妈，红军来到理番县后，她就参加了红军，分配在保卫局当翻译，都已几个月了。因为工作忙没有回家来看妈妈。

妈妈流着泪告诉她家里的情况：继父在红军来后，就为红军办事，当乡苏维埃筹粮委员，天天为红军筹集粮食，后来在离家不远的地方，被土匪暗杀身亡。妈妈又叹息说："以后的日子怎么过啊！"秀英同志听后心里很难过，想了想告诉妈妈说："最好还是都跟红军走。"十四岁的姜萍看见姐姐参加红军就要走了，也向妈妈央求希望能跟着姐姐走。当时妈妈还有些犹豫，秀英同志为了赶上队伍，不敢久留，便和妈妈、妹妹、弟弟告别，踏上了征程。临行前又嘱咐妈妈：

"妈妈啊！您想想留在家里有什么出路，一家人只有冻死饿死，给人家当牛作马，最好你们都参加红军跟红军走。"

一个月后，当另外一批红军经过秀英家门前时，班登卓这位五十开外的藏族妇女，毅然带着一儿一女，跟着红军上路了。

这时候部队进入藏区，正需要翻译，班登卓和姜萍，母女俩既会藏语也会汉语，红军也就留下了她们当翻译。以后姜萍又被分配去做宣传工作。

十二岁的弟弟志全参加红军后，被编到西路军，由于战乱，以后就没有消息了，至今也不知他是为国捐躯了，还是活着。

秀英同志到了金川后，由于那里成立了省委，她便留在金川，先在保卫局工作，后来调到粮食科工作，为红军筹集粮食。不久，妈妈和妹妹也来到了金川，她们兴奋不已，一家人又见面了！

在金川工作是比较困难的，一方面要给当地群众做政治思想工作，另一方面要惩治坏人。在审理坏人时，秀英总是当翻译，所以坏人最恨她，因为她总是毫不留情地揭露他们的罪恶勾当。一天上午，保卫局的男同志们都出去工作去了，家里只留下两三个女红军，敌人设下了包围圈，准备杀害她们。秀英同志临危不惧，她将寨房门紧闭，爬上寨房顶层，用力将石头猛推下去砸敌人，并大声疾呼，给他们讲明政策，用政策攻心，就这样勇敢地斗争了半天，出去工作的男同志们赶回来，才将敌人吓得溃逃而去。

在金川工作时，秀英同志会编织，她一有空就为部队织绑带，每天都织一个。虽然每天吃野菜，没有粮食吃，但她从不觉得苦和累。根据她的表现，陈再茹同志介绍她加入了中国共产党。

秀英同志的一双脚，曾经在过雪山时，被雪冻坏过。在金川时，一次敌人的飞机空袭，她奋力跑去隐蔽，不留心脚趾碰在大石包上，一双脚趾全被碰得骨折，其痛难忍，无法行走。当时医疗条件相当差，晚上翻来覆去痛得无法入睡，她想这样下去怎么行军？要想办法治好它。第二天她下了狠心，在少数民族老乡家里，借来一把砍柴用的小斧子，忍着撕裂心肺的疼痛，用力把碰断的脚趾一个一个地砍掉。然后用点盐水洗净血污，再用破布条包扎起来。尽管伤口痛得她豆大的汗粒不断往外冒，但她却忍着剧烈的伤痛咬紧牙关，一声也没哼。加上参军前怀的孩子出世后就死了，那样艰苦的情况下，秀英同志不可能用什么补补身体，因此她的身体非常虚弱。

不久，又过草地，没有鞋穿，怎么办？她就用牛皮比着脚画了样，割下来穿上两根绳，就当一双鞋。她的脚没有好，开始她母亲陪她走了一段路，后来她怕拖下母亲找不着自己的队伍，所以苦苦劝母亲跟上部队先走了。她常常是走一段路，脚痛得实在是忍不住时，又爬行一段路，或爬到荒草堆、树林子里歇一会儿再走。她凭着坚强的毅力，实现了自己的誓言，走出了雪山草地。

一天敌人的飞机轰炸他们的住地，秀英同志刚刚扑倒，一颗罪恶的炸弹在离她不远的地方爆炸了，她被埋在土里，奄奄一息，幸得同志们从土里把她扒了出来，她才幸免于难。

经过千难万阻以后，红军到达了延安，在延河边秀英同志意外地见到了妹妹姜萍，姐妹俩十分高兴，秀英同志赶忙问起了妈妈的情况。

"妈妈就在这儿呀！身体还好，首长们挺关心的。有次朱总司令见到她，还关照机关给她弄点木炭烤火哩！"妹妹愉快地告诉了她。母女三人在延安又重逢了，大家别提有多高兴啊！

在延安，组织上介绍秀英同志和警卫连教导员傅传恩同志结了婚，她们夫妻感情很好，不幸的是结婚不久傅传恩同志在战斗中牺牲了。以后她和吕双喜同志结了婚。如今秀英同志有四个儿女，新中国成立以后她在中直机关工作，直到离休，现在在直属供给部休养，一直住在北京。

秀英同志对待荣誉、待遇，从不计较，新中国成立以后填写的各种表格中从未填写过她双脚伤残，尽管她走路十分不方便，但她仍然坚持生活自理，从未要求组织上给予照顾。

秀英同志的母亲，一位坚强的藏族老人，新中国成立后也留在了北京。老人喜逢盛世，活到102岁才去世。党和人民给予了她应得的荣誉，把她的骨灰盒安放在八宝山公墓。

妹妹姜萍，在红军部队既当宣传员，又是翻译，经常战斗在前方。新中国成立以后在武汉军区工作，现仍健在。1955年8月23日，这位奴隶出身的女红军因战功累累，被授予三级八一勋章、独立自由奖章、解放奖章各一枚。但她从不居功自傲，仍然以战争年代那种忘我的精神对待自己的工作。

大弟姜德成，红军长征时他在理县新店子跟斗寨牛场帮人，参加过红军组织的游击队，割麦子、赶牛羊给古尔沟一带驻扎的红军部队，红军走后他留下来了，现仍住在理县扑头乡务农。

秀英同志的一家为革命作出了应有的贡献，像千千万万革命先辈一样，为人民的解放事业而奋斗，默默地向党和人民奉献自己的一切，从不为个人索取，她们的这种崇高的品德，将永远铭记在我们心中。

第五章　坎坷路途

一位经历坎坷的女红军

川西北高原，理县的杂谷脑营盘街上，住着一位年逾古稀的老太婆，人们都叫她喻婆婆。大家都很尊重她，因为她是老红军。喻婆婆的名字叫李素芳。1986 年 9 月的一天我们到她家访问了她。

她的经历是相当坎坷的。李素芳曾是新中国成立初期川西森林工业管理局第一任局长、老红军杨万银的妻子，二人感情甚笃，长征时他俩各自在一个部队，李素芳因患重病失散在雪山草地。20 年后，她和杨万银又传奇般地重逢，但各自都建立了自己的家庭。此时的他们，只能将自己的感情深埋在心底，彼此以亲密的战友、同志相待。

李素芳是宣汉县李家湾人，家里很穷，由于家庭负担过重，贫病交加的父亲过早地离开了人世。为了生存，母亲只好改嫁，妹妹因为家里没吃的，活活给饿死了，弟弟离家去当长工帮人为生。李素芳很小就被抱到杨万银家当童养媳。

一般童养媳的生活是很苦的，幸好圆房后杨万银很疼爱自己的妻子，所以他们夫妻之间的关系相当和谐。1933 年红军到了宣汉，向穷人宣传打富济贫，红军是为穷人闹革命的，杨万银听了宣传后，看到红军这样好，就想参加红军，李素芳支持丈夫去参军。杨万银走后家里再没人了，她感到很孤独，一个年轻妇女留在家里今后的日子又怎么过呢！看见红军队伍里有女同志，并且当地也有不少妇女参加了红军，便萌发了参军的愿望，后来她下定了决心，到苏维埃要求参加红军。红军收下了她这个刚满 19 岁的身强力壮的年轻妇女。

李素芳参加红军后跟着一位姓陈的政治委员搞宣传工作，到处向老百姓宣传"只有消灭敌人，穷人才有饭吃"。不久她被调到正式部队"妇女独立团"。1935 年 2 月长征开始前，为了形势发展的需要，妇女独立团扩编为妇女独立师，独立师辖两个团，李素芳被编在战斗力比较强的妇女独立师一团，团长是鄂豫皖来的，她本人也曾担任过班长。

在宣汉，她和爱人杨万银见了一面，两人十分高兴，因为都参加了革命，当了红军。

不久，妇女独立团开赴平坝场作战，打下平坝场后，在那里休息了两个星期，又开始了行军。当时行军的路很难走，大都是乡下的小路，差不多都是走的场镇，而且多数时间是晚上行军。以后到了虹口、飘儿场，沿路走，沿路打仗。

1935年5月，红军部队进入了川西北高原的茂县的土门、甘沟，在茂县住了一夜，又赶到汶川的威州，当时天已经黑了，听说要过一道索桥，可从来没有走过这样的桥，大家心里都有些害怕。为了遵从命令，继续前进，大家都只得壮着胆子走。竹索桥是反动派在红军来之前用刀砍断的，想以此来阻止红军前进，当地群众很快帮着红军修复了竹索桥，但人走在上面还是摇来晃去，稍不注意就会跌入那咆哮不停、奔腾翻滚的岷江。大家捏着一把汗，几个人几个人地走在一起，手拉着手慢慢地过了竹索桥。

过了桥后奉命沿着山路到了汶川所属的一个接待站，那时天已经很晚了。在接待站里吃了一碗包谷汤后，又继续急行军，翻山越岭，走过羊肠小道，到理县的危关天才刚亮。

后来又到了理番县的薛城，在那里住了一个星期。一天晚上大家已经睡了，有人来通知，要妇女独立团第二天一早赶到杂谷脑接受任务。第二天一早她们急行军来到杂谷脑，在动员大会上领导说：在杂谷脑镇侧面的半山上有座喇嘛寺，寺院较大，里面常住喇嘛一两百人，少数反动派盘踞在喇嘛寺，组织当地屯兵，煽动一些不明真相的少数民族，妄图阻止红军前进，我们必须拿下喇嘛寺，拔掉这颗钉子。

喇嘛寺在杂谷脑对面的半山腰，居高临下，防守坚固，对驻扎在杂谷脑的红四方面军总部威胁很大。

当时妇女独立团的同志们听了动员后，个个摩拳擦掌，义愤填膺，恨不得马上消灭这股敌人。李素芳告诉我们，"那时候妇女独立团的战士，好胜心强得很，你说去不得的，那我们偏偏要去，当时的人啊，真是雄心勃勃的！"

当晚，领导上组织了三个连的兵力去攻打喇嘛寺，还在妇女独立团里精挑了二十一位身强力壮、战斗经验丰富的女战士，担任正面佯攻的任务，李素芳也是其中一个。妇女独立团总结了前两天战斗失利的教训，采取大部从两侧迂回包抄的战术，第二天拂晓兵分三路：一路从甘竹沟上去，另一路从山王庙向喇嘛寺包抄，李素芳所在的那一路担任的是从正面佯攻。她们步步逼近寺院大门，院内鸦雀无声。后来寺内的敌人发现红军已经快包围了他们的时候，就乱作一团不敢再还击，一部分打开后门，向后山夺路逃走，经打色尔沟逃向黑水方向，部分未离开寺院的喇嘛紧闭大门，不敢出来，时不时放出几枪来。

李素芳她们担任正面佯攻的女红军连队的战士们，见此状况，立即逼近喇嘛寺大门，但寺内顽敌，依仗坚固的堡垒，紧闭大门，十几位机智勇敢的女红军，抬来了一根很粗的木棒，向厚实的大门猛烈地撞击，寺院的大门终于被齐心协力的女红军们撞开了。她们立即冲进寺院，四处搜索，寺院内只有个别负隅顽抗的反动喇嘛。这一仗打胜了，女红军们大振声威，在杂谷脑，到处传颂着英勇善战的女红军们打胜仗的消息。妇女独立团的女战士们高兴极了，还受了总部的表扬。

喇嘛寺一仗以后，由于长途行军、战事频繁，过度劳累的李素芳病倒了，她浑身颤抖，双目失明。当时白帐房设有医院，她就在那里治病。那时医疗条件差，许多伤病员都死在了那里。不久大部队离开了杂谷脑，她的病没有好，走不动了，组织上动员她留在杂谷脑上寨廖家养病。待她的病稍好以后，她和另外六位因病留下的女红军商议，准备从安儿寨进沟，追赶自己的队伍。

　　一天，她们七位战士一道，告别了照顾过他们的乡亲，重新踏上了远去的征途，向安儿寨方向走去。李素芳边走边想，如果顺沟走去，遇到敌人怎么办？连个躲的地方都没有。走了不多远她提议跨过沟，往森林里走，那六位女战士不同意她的意见，坚持要顺着沟走。她只好独自一个人跳过沟，进了森林。又走了一段路，在顺沟的那条路上，突然冒出了一伙敌人，挡住了那六位红军女战士的去路，那六位女红军遇害了。她躲在森林里，敌人没有发现她，李素芳失去了战友，心情难过极了，但她又有什么办法呢？她孤独一人呆在森林里，悲痛欲绝，心情很不平静。太阳从东方升起又降落，降落了又升起，反复了七次，一直过了整整七个昼夜，她呆若木鸡，没有离开森林一步，也许是还想等待后面还有没有红军战士再来。这七天七夜里她没吃一点东西，口渴了就用嘴唇去舔那树叶儿上的露水珠子润润。

　　人在这种生死攸关的时刻，还是会抱着一线生的希望。她终于拖着疲乏不堪的双脚，一步步地移向森林的那边山上，慢慢地走到了简阳坪。那里住着一户姓陈的老百姓，她慢慢地走到陈家去要水喝，陈家也很穷，虽然很同情她，但也不敢留下她，陈家没有粮食吃，锅里煮了一锅洋芋和白瓜，陈家女人心好，舀了一碗请她吃，然后告诉她，你吃了就赶快走，经常有人在这山上清查红军，坏人来了就不好办。

吃了一碗东西后，李素芳稍有了一点精神，她又往前走，走到关口，遇到一个叫杨瞎子的团丁，他端着支步枪气势汹汹地向她走来，把枪口对准李素芳的胸口，"你是霉老二，害人精，我今天就要打死你！"当时的李素芳生了一场大病，在森林里住了那么多天，已筋疲力尽了，没有还击的能力，心想要死要活随便吧。她没讲一句话，呆呆地站在那里。当时很多围观的老百姓上前劝阻，都为她说好话："一个女人家，什么也没有，穿一身烂衣服，她干得了啥，给她留条生路吧！"在众目睽睽下，杨瞎子放下了枪口，走开了。李素芳从死亡的边缘上，挣扎着逃出了虎口。

扑头乡有个卖茶水的熊老太婆，是个孤人，正缺乏劳动力，就收留了她。李素芳从此天天上山打柴，背到几十里外的杂谷脑集市上去卖，换回粮食，煮一锅稀粥，老太婆吃干的，李素芳就吃稀汤汤，就这样她和老太婆一起生活了几年，后来老太婆死了，李素芳又到离扑头不远的邱地去帮人。到邱地不久，就有人来威胁她，要她嫁人，"如果不嫁人，你就不能在这块地方生存，你不是这里的人就要把你打死。"虽然她深深地思念着她的丈夫杨万银，但是在这举目无亲的异乡，不这样又怎么生存？后来经人介绍她只好和一个帮人的穷汉喻占云成了家，从此就在这高高的山寨上落户了。她和喻占云生了两个儿子。

新中国成立初期李素芳原先的丈夫杨万银，一位身经百战的老红军，回到了四川，被分配到他当年走过的雪山草地川西森林工业管理局当局长。虽然时间已经过去了近二十年，他已经和一位叫廖明清的女红军结了婚，也生了两个儿子，但他仍惦记着她的原配妻子李素芳。他曾听人讲过，李素芳是在杂谷脑这一带失散的，而川西森林工业管理局离杂谷脑仅几十公里，他便抱着一线希望和妻子廖明清商量要找一下李素芳。他像在大海里捞针一样，在方圆几十公里的高山村寨上到处打听，又派他的通讯员一有空就到各乡村、寨子上去查访。

功夫不负有心人，经过一年多的查访，通讯员在扑头乡的高山寨上，终于找到和杨万银离别近二十年的李素芳。

杨万银立即派通讯员将李素芳接到川西森工局，当两人见面时，杨万银看到李素芳当时极端穷困，瘦弱不堪，生活的折磨，使她变得体弱多病，已不像在妇女独立团时那样身强力壮、生龙活虎了。杨万银思绪万千，很不平静，心痛得说不出话来，只是长叹"唉！这怎么办啊？唉！这怎么办啊！"李素芳见到久别重逢的亲人，心里十分难受，真是悲喜交集，眼泪禁不住夺眶而出，一时不知说什么好。廖明清见此情景也十分同情，立即泡来茶水，送到素芳面前。

过了好一阵，李素芳才强忍着内心的痛苦，想了想说："我们都是为了革命，互相都怪不得啊！以后就作同志、兄弟、姐妹对待吧！"

杨万银看见李素芳贫病交加，身体很不好，就把她送到川西森林工业局职工医院检查治疗，住了一段时间的医院。廖明清同志对李素芳也亲如姐妹，常常去职工医院看望并送去好吃的东西。李素芳出院回家时，杨万银送给她五十元钱。

为了安排好李素芳的生活，杨万银亲自到了理县杂谷脑，到理县县委、县人民政府反映李素芳的坎坷经历，要求县委照顾，将她一家从高山迁到河坝，县委、县政府研究决定，将李素芳一家迁到靠县委最近的营盘街定居。民改（土改）时给她家分了房屋和土地。

李素芳的老伴喻占云现已去世，大儿子在农村务农，小儿子在县财政局工作，儿子、儿媳及一群小孙子们都对她很好。现在大儿子住在民改时分给的旧房里，她跟小儿子一起住在刚修缮好的砖砌成的一楼一底的新房子里，家里像沙发、录音机什么的都有。李素芳现已年迈，虽然早年离开红军后她受了不少苦，但在社会主义的今天，她过上了幸福的生活。

一位漂亮的藏族女红军翻译

一个偶然的机会，有人告诉我们，原金川省委书记邵式平的爱人杨秀英，现还在金川。1986年的夏天，我们专程去金川访问了她。

杨秀英，金川人，人们都叫她杨二姐，她是藏族，藏名叫察憋·阿初。30年代中期她二十多岁，是位汉语讲得流利的、年轻漂亮的女子，被人们称为"绥靖一枝花"。岁月流逝了50年，当我们见到她时，从她白皙的脸上仍然可以辨出当年的风韵。她瓜子脸，眉清目秀，瘦瘦的身躯，中等身材，穿一身蓝色的长衫，腰间拴一根黑带子，头上包了一张黑帕子，她一个人从很高的炮台山上走下来，腰不弯，背不驼，走得风快，还挺精神。虽然脸上布满了岁月留下的年轮，但却看不出她已经是75岁的老人了。她仍然是那样的精神，一点也不失当年的风采。见到我们时她就像见到亲人那样亲热。按照藏族的习俗，她怀里揣了一瓶白酒来，硬要我们喝两口。她告诉我们说：我们去炮台山访问的那天她不在家，到金川街上赶场去了，回去听说娘家来人了，到她家去找过她。当晚她一夜都没睡好觉，像看电影一样，过去的事一幕幕地在脑海里翻腾。随即她向我们倾诉了她坎坷的一生。

杨秀英的家住在金川县城厢角木牛村炮台山。炮台山是位于县城旁边的一座高山。1935年她家里只有妈妈和12岁的妹妹及她8岁的小儿子。她原来的爱人是个和尚，是她姑爷和母亲包办的婚姻。当她15岁时父亲死了，家里就没有人去当差，她家是"阿真梁千总"的百姓，没有人当差千总就不再给她家租种土地，所以杨秀英只好勉强答应了这门婚事。招赘上门的和尚叫王二哥。她16岁时王二哥背了个被盖卷到了她家。因为家里很穷，都是科巴娃子（奴隶），也没有请客，只是妈妈给王二哥做了件灰衣衫。王二哥到她家的第一年里勤快得很，连地坎子也挖得光光的，什么事都干，第二年就有些变了，他在千总家当差完了以后就到街上去和烧房里的朋友一起喝酒，几天都不回家。因为家里穷，年年收的庄稼上了租还了债就所剩无几，只有点种子和过年时吃一两顿的粮了，再加上差也重，王二哥产生了离家的念头，他借了三块大洋，将他的衣物和他的一匹阉马一起牵走逃离了家乡。他走时小儿子才十一个月，一年后回家，没住多久又离开了，家里人也不知他的去向，从此杳无音信。此后当差的事就落到了杨秀英的头上。杨秀英家很穷，平时连鞋都没有穿的，光着脚，打的草鞋挂在门后，去当差时才穿。

当差是件苦事情，老爷家随时派差，你得随

时去，要无偿地给千总老爷家耕种土地、背运物资、饲养牲畜、打扫畜圈、打柴、背水等等，给老爷家做一切需要做的家务事，有时老爷外出还要给老爷牵牲口，老爷下马时，当差人要跪在地上让老爷踩着背下地。当差时，早晨天不亮就要带着干粮到老爷家不停地听使唤、做活，直到深夜累得筋疲力尽才能回家休息，真是苦不堪言。杨秀英家逼得没法，交了些土地给千总才免了当马夫的差事。

农忙时，老爷家派差下来了，虽自己家种的土地需要耕种，但不敢不去，往往是种了老爷家的自己的土地就顾不上种了。有的人见她太困难，就来说亲，她没同意，怕招赘来的人不好，她想自己有个儿子，今后待儿子长大了就可以当差了，所以她也不想再嫁人了。

红军到金川之前，反动派在百姓中进行反动宣传，说红军拿一个爪子把你抓去就杀，老百姓吓得都跑光了。杨二姐也用犏牛驮了点胡豆，带着妈妈、妹妹和儿子走了六七天，翻山逃到了杜松。1935 年 10 月，红军占领金川后，工作组进村做工作，宣传红军是为穷人求解放的，她悄悄地回家看，见红军把她家失散在外的牛羊赶回了家，特别是听了红军的宣传，她想：天下穷人翻身求解放，不再交租当差，简直是做梦也想不到的事，现在差这样重，生活这样苦，还不如跟了

红军。于是她第一个回到了自己的寨子，红军劝
她去参加在城隍庙内召开的群众大会。开始参加
大会的人不多，仅有从后山回来的杨秀英等少数
几个本地人，红军讲了"打富济贫"的政策，
"红军是穷人的队伍"等。她逐渐觉悟了，天天
去参加会，领导见她表现不错，便派她和几个女
红军去把后山的人动员回来，让她们向群众宣
传。后来她当了村民代表。十几天以后她参加了
红军的工作组。三四个人一道，到沙尔、河西，
勒乌线碉沟等地去做宣传工作。听了宣传，特别
是本地人的宣传，不少群众纷纷回到自己寨子。

　　十二月，她在县苏维埃学习了半月后，就分
配在金川县委保卫局当翻译。那时她二十五岁，
正值青春年华，风华正茂，精力充沛，人也机
灵，汉语藏语都讲得很流畅。一次会议，保卫局
正在讨论如何争取更多的群众回来时，会场有些
冷淡，因为当时极"左"倾向严重，讲错一句话
是要担风险的，秀英初生牛犊不怕虎，大胆发
言："后山的人回来了不能杀，杀多了其他的人
就不敢再回来了，还要争取有声望的人回来。"
秀英的这个建议却意外地得到了一位红军负责人
的重视。之后红军又派她去后山向当地群众讲明
红军的政策，动员逃离群众回到家里。这个任务
仍然是很艰巨的。开始，因为先入为主，一些听
了反动派宣传不明真相的同胞不相信杨二姐的

话，加之过去民族隔阂很深，甚至有人认为，杨二姐为汉族办事，想杀掉她。经过她三番五次到后山做工作，群众才慢慢地回到家里，这为开辟藏族地区群众工作创造了有利的条件，杨二姐可算是藏族同胞中最先觉悟的一个。

藏族人民自己的政府格勒得沙政府成立后，杨秀英被任命为格勒得沙革命政府妇女部副部长。

有一次，在金川老街灯杆坝开会，她碰到省委书记邵式平等好几个人，他们又说又笑，还有人用眼睛盯着她，秀英见他们这样，觉得莫明其妙，很不好意思，低着头害羞地走了。

不久，省委妇女部脸上有颗痣的那位部长（注：是省委妇女部长吴朝祥）来给杨二姐做工作，问了她的家庭情况，爱人还在不在？"他可能永远也不会回来了"，杨二姐这样回答妇女部长。接着妇女部长向杨二姐说："省委书记邵式平很喜欢你，你和他结婚好吗？"杨二姐顿时想起了她以前的男人，结婚不久，孩子才十一个月就走了，怕邵式平结婚后又走了，留下她怎么办？她埋头思索片刻后问妇女部长："你们走不走？"妇女部长恳切地答复道："我们不走，你好好考虑一下吧！"后来格勒得沙政府副主席孟兴发也给她做工作，希望她能够和邵式平结婚，她没有反对。

1935年12月的一天晚上，杨秀英在城隍庙保卫局里参加审犯人，回去得很晚，刚走进房间点上灯，妇女部长就踏进了她的门："秀英，你到省委那边去吃饭吧！""谢谢你对我的关心了。"秀英边答话，边让妇女部长坐，妇女部长不肯坐，连推带拉地把秀英拉到省委的一间屋里，屋中间摆了一张方桌，上面放着两盆热气腾腾的肉，有些人拿着碗在用筷子敲碗，泡了些青茶，大家谈笑风生。妇女部长附在秀英的耳边悄悄说："今晚就是为你们结婚准备的菜。"邵式平很快来到桌前招呼几位领导和秀英坐下，秀英对这突如其来的喜事，羞得脸绯红。邵式平拿来一个本子问秀英同意不同意，如同意就在上面画个圆圈。

　　谈到这里她笑着诙谐地对我们说："我拿起笔来好紧张，圈也没有画圆，可能是这个原因，我们的姻缘没有能圆满吧。"她苦笑了两声又接着对我们讲，那晚上来的都是省委领导，她感到有些拘束，妇女部长陪着她坐下了。接着他俩在妇女部长和格勒得沙中央政府副主席孟兴发介绍下结了婚。格勒得沙中央政府主席克基、副主席杨海山（后任主席）也来参加了他们的婚礼。当晚他们就住在尹家房子里（西北联邦政府所在地）。

　　虽然邵式平比秀英大十来岁，但他们结婚以

后感情很好。杨秀英结婚以后，邵式平让秀英到行政部领了一套黑色衣服，还有羔羊皮大衣、工作服、绑腿等。邵式平每天出去开会都要秀英跟他一道出去。邵式平非常爱秀英。谈到这里，杨秀英附在我耳边悄悄给我说："邵式平每天下班回来就把我拉在他裙抱里（怀里）坐，非常亲热。"在兵荒马乱的边寨上，他们度着蜜月，每当邵式平工作完毕回到家里时，秀英总是忙着给邵式平递茶送水，两人相亲相爱过着幸福美满的生活。

不久，部队转移，邵式平告诉秀英说是要到甘孜的炉霍去开会，两个月后就回金川。八岁的儿子要请妈妈打双草鞋都没来得及，她安慰贫病交加的母亲说："我们去炉霍开会，两个月后就回来看你们，你好好养病。"她就这样离开了妈妈、妹妹和小儿子。

跋山涉水走了七八天的路才到炉霍。不幸，邵式平染上了斑疹伤寒，病得十分厉害，这种病是很难治疗的，何况在缺医少药的长征途中。邵式平同志终日卧床不起，不吃不喝，人也瘦多了，秀英很心疼，两个多月寸步不离，把一汤匙一汤匙的开水慢慢送入病人嘴里。她喂药、喂饭、端便盆，毫无怨言，总是精心照护。慢慢地邵式平能够挣扎着起床了，为了减轻秀英的负担，他强撑着虚弱的身子去上厕所，一只手搭在秀英的肩上,秀英扶着他一步一步慢慢地移向厕所。几个月过去了,邵式平的病有了好转,身体慢慢复原了。

一次,四方面军很有声望的政治部主任张琴秋大姐来看望邵式平,见杨秀英如此精心护理,赞不绝口:"秀英,你真是个人美、心美的藏族妇女啊!你长得真漂亮!"

当邵式平同志的病稍好一些后,秀英思念母亲和孩子的心愈来愈切,她想:走时母亲病倒在床,妹妹和儿子都小,我这一走他们怎么生活啊!她向邵式平提出,要请几天假回家去看看妈妈,安排好了就回来,邵式平不同意她回金川,劝她不要回去:"回去后敌人要杀害你的。"秀英却坚持自己的意见:"我只请几天假,看看妈妈就回来嘛!"邵式平心里很不平静,他深知这一去不知道还能不能见面,因为形势的发展,红军很快要北上。他几天几夜都不能入睡。为了尊重秀英的意见,他勉强同意秀英回去一趟:"你看了妈妈后,很快跟随北上的红军回来。"邵式平又叮嘱:"你回去后如被后山反动派或国民党二十四军抓住,你就说我已经死了,不然他们要害死你的,你一定要坚定革命信心,红军一定会胜利,一个人要活得正直,不能去做坏事啊!"然后,邵式平教给她种种对付反动派的办法。临别那晚,他们互相倾诉衷肠,一直谈到深夜。

行前，邵式平为秀英打点行装，给了她三十块藏洋和一件漂亮的藏装，还请来一乘滑竿，让秀英回家，免得她走路劳苦。邵式平又送给一位叫彭措的战士十五块藏洋，请他跟着滑竿送杨二姐回去一趟，请他一路上好好照顾秀英。

快启程了，邵式平心潮难平，他想，在这动乱的年代，她这一去也许就是生离死别，多么想将她留住啊！他不由地呼着秀英的藏名："阿初，你不要走！阿初，你不走嘛！"秀英安慰邵式平说："我回去看看妈妈，很快就回来，我还约了几个伴，有同乡丁幺姐她们一道，你放心。"她的心一直惦记着妈妈，不知道妈妈的病好些没有，家里有没有吃的，根本没有想到金川局势在红军走后会急剧恶化，以为回去把家里安排好就可回来。滑竿动身了，邵式平坚持要送她一程，彼此都十分悲痛，一路上他们还山盟海誓，邵式平说："如果你回去马上回来不了，最多等五年我就来接你。""我一定等你！"秀英深情地回答。送了一程又一程，时间不早了，秀英坐上滑竿，邵式平流下了泪水，秀英也忍不住流下了热泪。"阿初，阿初，你早些回来啊！我的话你一定记住啊！"邵式平的呼声久久地在山间回荡，他停下了脚步，站在那里，目送那缓缓远去的滑竿，心里难过极了，泪水不断地往下流，直到再也看不见那乘滑竿时，他才转身拖着沉重的脚步回到了自己的队伍。秀英坐在滑竿上，不时转过头去，看看自己的亲人，她看见他那颗为她难过的心，她也感到难过和内疚，泪水湿透了她的衣袖。

走在半路上，彭措说他忘了带上自己的干粮袋和瓷碗，让他们先走，他回去取来跟上，不知什么原因，后来一直没见他来。滑竿到了道孚就不再走了。她和丁幺姐一道准备回金川，因为她们的头发都是剪了的，当地反动派也在清查失散红军，在道孚不敢久留。丁幺姐身无半文，一路上和秀英同吃同住，秀英的钱也花完了，只好把那件漂亮的藏衣拿去卖了四十元钱。她和丁幺姐商定，跟着骡马帮一起走有伴。走到康定，遇到从金川来的王大姐，听她说金川红军已经北上了，反动势力正卷土重来，在搜查失散红军和苏维埃干部，进行疯狂的报复。在尹家房子里，关了不少参加过红军的人，敌人残酷虐待他们，有的都整死了。这一消息使秀英震惊，同行的人劝她避一避，暂时不要回金川。可是这时她身上的钱差不多都用完了，想回炉霍也回不去，只好花一块钱在康定北门上一个姓刘的老太婆那里租了间头都抬不起的阁楼暂时住下。在康定住下之后，幸亏与她同路的脚夫童幺爸的姪儿童二哥住在北门，秀英见他们上山打柴卖，一捆一百来斤的柴值一块大洋，于是，她找来一些破布条打了双草鞋，穿着它跟着别人一起到山上去砍柴卖。上山砍柴很辛苦，三更天就要起来烧茶、煮玉麦糊糊，吃了就上山。上山砍柴可不是轻松活。第一天干下来，秀英就累得腰酸背痛，可是一个流落他乡的、人地生疏、举目无亲的年轻妇女，不靠砍柴维持生活又有什么办法呢！她咬着牙、忍着痛每天坚持上山砍柴。这样苦干了两三个月后，存了点钱，她又到泸定桥去买麦子，每天背八十来斤在半路磨房里磨好，第二天一早就到康定街上卖（即做灰面生意），想存点钱做回家乡的盘缠。

　　一天，秀英在街上遇到讨口来到康定的舅舅，她才知道，在她走后不久，母亲的病愈来愈重，没有吃的，她母亲从高山上爬下来，想去要几口糊糊，狠心的敌人不但不给，还骂她是"霉老二"家属，狠狠踢了她一脚，将她从高高的梯坎上踢下来摔死了，是舅舅用四快木板钉了个火匣子把她埋葬的。秀英的小儿子在她走后便回到他父亲王二哥家，因为没吃的，不久也饿死了，死后家里没有木板埋就放在地里，用点糠壳把他盖上，后来听人说是狗把他吃了。妹妹说要到丹巴去找姐姐，走了不远也饿死在路上了。

　　后来舅舅病重死在康定，舅母来安葬了舅父之后，便领着秀英一道去丹巴的坝底乡务农。到了坝底，找到了林卡一间烂房子就在那里住下，她们开荒种地，拉腰磨推豆腐卖，日子仍然很苦，有时不得不上山打柴卖。还在康定时，舅母见她已三十多岁还是一人，就劝她找个男人："邵式平走了那么多年都没来，你能等得到他吗？他如今死了没有也不知道，现在你还能劳动，以后老了没有小的（孩子），一来没有依靠，二来亲戚都见不得你，怎么办？"可杨二姐一心要等邵式平，因为他是她活下来唯一的希望，她没有答应舅母的劝告。

后来舅母逼着她，和一个金川到康定淘金的藏名叫三根、汉名叫杨海清的人结了婚，结婚后有了一个女儿，但杨海清抽大烟，好吃懒做，带了不少账，到坝底不久就丢下她们孤儿寡母和一大堆烂账悄悄地走了。她不得不拖着瘦弱的身体，加倍地劳动、帮工，在冰天雪地里上山砍柴，半夜就起来推豆腐卖，自己耕地、种地，为杨海清还清了九担粮食的债务。

新中国成立后，到了1953年，担任江西省委书记的邵式平委托茂县军分区派了三名战士，骑着高头大马，带着一封信到金川县武装部，要求帮忙找到杨秀英，结果找遍金川都未找到。后来他又委托中共四川省委常委、副省长、中共甘孜州委第一书记天宝帮忙查找。直到1962年天宝费了很大工夫，才在丹巴坝底找到了杨秀英，并亲自到坝底向她转达了邵式平的心愿，希望她带孩子到江西。当时杨秀英的女儿已十多岁了，她总觉得自己违约，没有等邵式平，不好意思再去见他，回绝了他："请你转告邵式平，我在这里已经安家了，就不去了。"

天宝走后，她却有些后悔，晚上睡不着觉，过去她和邵式平夫妻俩恩爱的情景，一幕幕地展现眼前。她想就是不去，也应该通通信，互相了解一下情况，也算是一个安慰啊！她这样想着，可这穷乡僻壤的地方，没有人识字，更没有人能够帮她写封信。心中的苦闷，只有把它深深地埋藏在心底。她抹着眼泪继续推腰磨磨豆腐，上山砍柴到小集市上去卖，以换取点油盐维持母女俩的最低生活。

一天，她在街上卖柴，突听有人在呼喊她。听到叫声，她在人头攒动的集市上寻找叫她的人。啊！原来是金川来丹巴赶集的一位相识的农民，那人走到她面前："杨二姐，你还在这里卖柴啊！邵式平派人到处找你呢！"听了这话，她动了心，怎么办呢？"那你回去帮我写封挂号信给他，说我在丹巴。"她央求那人。但她的柴还没有卖掉，身无半文，寄信的钱也未给。那人回去，不知帮她写信没有。一年过去了，她未收到邵式平的信。

但杨秀英按捺不住对邵式平的思念，万一邵式平又到金川找我呢？她思前想后，决定回到金川老家等待邵式平的佳音。

1962年，她回到离别二十六年的家乡，在角木牛村炮台山上，借住在一位好心人的阶沿上，一住几年。后来自己搭了一间棚子住下，"文化大革命"后期政府给了她四百元钱修缮费，加上她自己的一点省吃俭用的积蓄，乡亲们齐动手帮助她修起了一幢房。后来上级划拨给了她土地，她又开始在这生她、养她的土地上辛勤的劳作、耕耘了。

回到金川后，她便托邻居石全太帮她给邵式平写了一封简短的信，大意是：

式平同志：

我1962年已回到金川家乡，参加农业生产，一切都好。我很想念你，请你接到信后，把你家乡的情况及工作情况，写封信告诉我，并请给我寄张你们全家照片来。

阿初

1962年×月×日

但此信寄出后过了一年、两年仍没有回音。原来这第一封信，地址不详，石沉大海。

到"文化大革命"清队时，那些造反派认为红军都走了，这些参加了红军，一没走、二没死的人，不是叛徒，就是逃兵，就这样杨秀英被批斗过，险些戴上了帽子，要她填表说明是失散女红军，并要有人证明。她又请石全太帮她写信。

一次偶然的机会，石全太在一本书上看到邵式平在怀仁堂开会，是江西省委书记，他向江西省委寄了一封信，给天宝写了一封，请他们给杨秀英寄张证明来，证明她是红军战士。

后来，天宝给她寄来证明材料，才给她解了围。1979年成都军区副司令员陈明义到地方搞调查，来到了金川，因在长征时陈副司令员就认识杨秀英，所以他也证实了杨秀英的身份，并给她一百元钱，她的历史才得以澄清。

她仍思念着邵式平，请人写了封信到江西省委去打听邵式平的情况，得到的回信却给了她一个沉重的打击，信中告诉她，邵式平同志在1965年已经病逝。无情的现实让她把那无尽的思念化作了永久的怀念，希望破灭了。这位历经坎坷的老人哭了。

"文化大革命"后，由于有天宝及陈明义司令员的证明，金川县民政局正式认定她为失散老红军，发给了证书。国家原每月给她发18元生活费，以后又提高到20，现在发23元。这些微薄的补贴，是远远不够维持一个人的生活费用的，所以她还承包了几亩责任地，生活过得较清苦。

她的女儿嫁给丹巴云母矿一位工人，生了三个小孩，一家人的生活，除女婿微薄的工资，主要靠杨秀英母女俩，她在那片高山责任地里耕种、收获，养育孙儿孙女。孙儿女中最大的已上初中，小的四五岁。现在杨秀英还经常从高山上背菜到金川街上去卖。她虽已76岁，身体还挺硬朗，记忆力还很好，当我们访问她时，她最后的结束语是："我这个人虽然穷，但我不想依靠别人，靠自己劳动生活"，"一辈子只能人负我，不愿我负人。"

听了她的叙述，我的心久久不能平静。这个平凡的藏族妇女，有着多么不平凡的经历啊！她是一个善良的妻子和母亲，也是一个刚强的战士。她如矗立在岩石上的一棵不老的青松，任凭风吹雨打，依然那样挺拔，那样坚定。

藏族姑娘从军记

三躲切木初是金川县集沐乡周山村人，原是俄躲小土司的家人（即奴隶）。

红军到金川之前，由于反动派进行反宣传，老百姓都不了解红军的政策，土司头人威吓群众，并有计划有组织地把群众赶到大森林里躲藏起来。住在周山官寨旁边不远处的三躲切木初一家和附近的百姓们，也跑到八千躲藏起来。土司头人则将家里的金银财宝及值钱的什物用牲口驮着，一家大小远远地逃离家乡，跑到了草地。

1935年10月，红军到了金川流域所属的绰斯甲周山后，到后山向群众喊话，做宣传工作，讲明"红军是为穷苦老百姓办事的","红军不杀老百姓"等。三躬切木初和其他一些百姓听到红军的宣传,知道红军是为穷人翻身求解放的,她就带头回到了周山官寨旁边的寨子上来了。

回寨后,三躬切木初率先参加了红军工作队召开的群众会,看到红军所做的一切,认定红军是自己人,并要求参加红军。1935年10月她实现自己的愿望,参加了红军,在红军宣传队里作动员群众回乡的工作,当翻译。她回忆说当时妇女独立团的人很多,都是些年轻妇女,她们在绰斯甲这一带打过仗,作战时很勇敢,消灭了许多土匪。她给她们当过翻译,女红军那种英勇杀敌吃苦耐劳的精神,令她佩服,对她教育很大。她还记得有次红军日夜兼程地经过绰斯甲,整整过了五天五夜都没走完。她家旁边有个庙子叫南康底,那里的和尚都跑光了,过往的红军有的就在那里住上一夜。

一天,红三十三军和草地一股藏族反动分子进行了一场激烈的较量,双方伤亡都很大。红军撤回后就驻在周山官寨一带,她家也住了红军。后来红军撤走了,草地一股藏族反动分子,报复红军及为红军办过事的人,把三躬切木初一家的房子烧了,毒打她母亲,责骂她为什么要三躬切木初给红军带路。她母亲任土匪打骂,一言不发,最后匪徒们把她的母亲和妹妹杀害了,把她的三个弟弟也抓到中寨去当了娃子。她家仅留下了她一个人，这个科巴娃子出身的藏族姑娘，强忍着悲痛，心中充满着仇恨，下决心跟着红军干革命。

周山成立苏维埃时，她当了妇女部长，与捷克生、阿木旦同是绰斯甲县苏维埃政府的主要负责人。

为了加强民族团结，组织上动员她带头和红军结婚，三躺切木初和阿根等几位藏族姑娘就和几个红军干部结了婚。结婚那天，红军派了"革命军"骑兵连战士几十名，作男伴来到山寨接新娘，接走新娘时还举行了仪式，五位同志排成一排，五位藏族姑娘依次排成一行，举行了集体婚礼，各与其伴结成良缘。婚礼后组织上派人牵来了几匹高头大马，让她们骑上，同时还派了一位女红军来迎接和照顾她们，把她们接到了绥靖的城隍庙，那里是金川省委和西北联邦政府机关所在地。到了机关后那位女红军很客气地把每个姑娘都送到各自的新房，给每个藏族姑娘打来洗脸水，让她们洗尘。

三躺切木初回忆说："那天晚上很热闹，省委领导邵式平以及四方面军的一些领导人张国焘等参加了我们的婚礼，虽然没有酒和肉，但红军战士们一团团围在一起互相敬茶、敬汤，结婚时我爱人送给我一张手帕，还有穿在头发上戴的三个银首饰。"

结婚不久，三夵切木初的爱人因为工作需要就到丹巴去了，她仍留在省委工作，临走时告诉三夵切木初，他到丹巴大约过 12 天就回金川来，因为革命的需要，他们夫妻就这样分手，谁知从此以后就再没能见面了。

三夵切木初在西北联邦政府住了三四个月后，一次组织上交给她一个任务，叫她领着红军部队到观音桥去执行任务。到了观音桥后看见老百姓的牦牛跑上了高山无人管，又是冬天，山上有冰雪，路也很不好走，三夵切木初是本地人而且当时年仅 22 岁，正是年轻力壮的时候，她自告奋勇爬到山上拉回来了一些牦牛。有几个参加了红军的少数民族同志，将牵回的牦牛宰杀了，违反了纪律受到了军法处理。

那时，虽然她的汉语说得不好，但她却尽力做宣传工作和翻译工作，一心一意的为红军办事，为革命做了不少有益的事。

1936 年 10 月红军北上离开金川时，组织上为了巩固这块新建起来的革命根据地，决定让她和捷克生、阿木旦、阿根等几位少数民族同志留下，坚持斗争，照顾伤病员。

正当三夵切木初准备回周山等地时，一位老百姓跑来告诉她，周山的土司头人回来了，他们正在搜查失散红军。土司还下令悬赏，谁打死或活捉三躲切木初，就赏给谁两串珊瑚，这在当时少数民族地区可算是价值很高的悬赏了。听老乡讲后她半信半疑，仍想回去看看。思想有了准备，她躲躲藏藏地回周山，远远地发现了清查失散红军的敌人，便急忙躲进了厕所。参加红军后，她背过枪，参加过战斗，头发剪短了，虽然没有穿红军服装，但她担任过绰斯甲县的妇女部长这是众所周知的，当地老百姓都认识她，所以她不敢再回周山，心想就是回去了也没有自己的家，没有自己的亲人了，只好逃离家乡，沿着红军去草地的路翻山越岭去找红军。但走了几天到了马尔康的卓克基也未见到红军，她想红军可能已经走远了，这时她已精疲力竭，实在走不动，便留了下来。她向卓克基当地人说，她是逃荒来的，想找个活干，一个小头人看她是少数民族，也未认真追查，就把她留下来当奴隶，这样，三躲切木初就留在卓克基帮人，直到解放。

三躲切木初在卓克基住了几年，年龄也大了，她便和一个从其他地方逃到卓克基来的喇嘛结了婚，婚后生了一个儿子，在卓克基一住就住了近 20 年时间。

新中国成立以后，她知道现在的解放军就是当年的红军，十分欣喜。民改（土改）前她因思念自己的家乡，向政府申请回去，政府批准她迁回周山，并帮助她办理了迁居手续，从此她又回到了久别的故乡。

1986年秋天，我们去看望她时，她已是72岁高龄的老人了，但身体健康，国家为了让她过好晚年生活，每月定额补助22元生活补贴费。

三躺切木初的老伴已去世，身边只有一个儿子龙珍，龙珍继承了母亲未尽的事业，1957年参加中国人民解放军，在3104部队步兵十四团二营四连一排服役，担任班长，1962年复原回家后结婚成家，现有四个子女。如今三躺切木初子孙满堂，过着幸福的晚年生活。

安居藏区五十年

20世纪30年代中国工农红军历经艰辛，几次翻雪山过草地。当时有不少正值青春年华的女红军由于负伤或护理伤病员，未能跟上红军大部队北上抗日，像断了线的风筝，飘落在广阔无垠的高原草地上，艰难地生活着。

1989年4月，我们驱车前去访问了五十多年前流散在若尔盖县求吉乡甲基村的女红军齐曼。

齐曼家现居住的地方，算是半农半牧区。她的家建在一片荒凉的土坡上，周围的土地光秃秃的，没有一丝绿色、一点生机，一片片灰黄色的泥土，使人感到压抑。我突然觉得这里是那样的荒凉。我十分惊奇，一个汉族妇女在这荒原上度过了几十个春秋，真令人难以想象。见到齐曼时，我们更是惊讶不已，她简直成了地地道道的藏胞了。她中等身材，头上搭了个叠成四层的绛红色的围巾，身上穿着一件紫红色的藏袍，下面穿的是青色的裤子，脚上穿了一双鲜红色的藏靴，眼睛几乎失明了，胖胖的脸盘上，双眼眯成了一条线。

她家房子的布置和其他藏族同胞的房子差不了多少，一排放东西的大柜子、锅庄，其他也就没有什么东西了。

由于环境的关系，她的藏话说得非常流利，汉语却说得比较吃力，过去的事留在她的记忆里的已经不多了。

她今年大约 77 岁，原名叫向金兰，是宣汉县罗文坝人，家里十分贫穷，母亲早已亡故，只有父女俩相依为命。1933 年红军来到她的家乡，她听了宣传，知道红军是为穷苦人谋幸福的，便自愿参加了红军。参军后在通江、南江、巴中一带开始做宣传工作，动员青年参军，后来做筹粮工作，向老百姓买粮、没收那些逃跑了的富豪家的藏粮。以后在四方面军的卫生队、医院工作过，曾经去过陕西背电话机。到南江筹粮时还与敌人打过一仗。

到了茂县后，她到了洗浆队工作，为伤病员洗衣、喂药、喂饭，照顾伤病员。指导员姓向，排长姓王。当时没有粮吃，常常吃梨儿皮、灰灰菜、苦马菜，用这些野菜、树皮、草根充饥。到草地时，齐曼的身体已经很虚弱了，加上水土不服，她开始拉肚子，全身无力，实在走不动了，只好和一些伤病员一起慢慢走。和她一道的有三十多人，他们走到求吉乡杠哥村准备过河时，才发现桥没了，原来走在前面过了河的红军部队怕国民党部队追击，把桥拆掉了。她们无法过河去，转回来找了一个岩洞住下，大家挤在一起，真是饥寒交迫。

接着来了一帮藏民，由于几千年的民族隔阂，在这边远的荒原上，因为语言的障碍，红军也无法向藏族同胞宣传红军和共产党的政策和主张，再加上反动派在红军没有到来之前，作了许多反动宣传，这样更加深了少数民族和汉族之间的隔阂，所以这帮藏族人无情地把他们几十个男女红军伤病员的衣服剥光，往河里推，活活地淹死了二三十位红军伤病员。少数未死去的，被当地藏胞分别带走了，他们的命运如何，不得而知。

向金兰也同样被剥光衣服推到了河里，一些藏族人把她的头往水里淹，她无力挣扎，任随他们把她一会儿淹下去，一会儿又拉起来，这样来回几十次，她居然没有被淹死。待那些藏人走后，她用尽全身力气爬上岸来，幸亏遇到一位好心人，给了她一件衣服和一条裤子。后来她逃到求吉寺院，向一位从甘肃来寺里做工的王大爷要吃的，王大爷悄悄给了她一些吃的，叫她白天不要来，晚上才来，怕的是藏人看见她要打她，之后王大爷收留了她近一个月。

待她病好些后，告别了好心的王大爷，到了求吉乡麻扎亚洛家当长工，因为那里人口少，需要劳动力，齐曼在那里当了七年娃子（长工），受尽了苦。在亚洛家，不管是夏天还是冬天她都是赤着一双脚，在野草丛生的森林里、草地上放牧，常常冷得蜷缩成一团，尽管她一年忙到头，像牛马那样替主人家干活，可亚洛家对她仍很不好，常常骂她是"霉老二"（对红军的一种侮辱性称呼），做了一天活，只给她一碗糌粑，还用藏语骂她像猪一样、牛一样吃得多。开始她听不懂，后来住久了，慢慢懂得了藏语才知道主人骂她。她在亚洛家做了七年工，亚洛家没给一分工钱，衣服也未给她做过一件。

后来齐曼不愿再受凌辱，再吃这样的苦，她十分思念自己的家乡，想回到生她、养她的那片土地上去，决定不再为亚洛家当牛作马，便悄悄地跑到了包座去做零工。那时她已经会说一口流利的藏语，人地也不那么生疏了。她想在包座挣点钱，好回故乡。

齐曼在帮人放牧时，认识了一位做木工活的汉族男同志徐国富，他也是失散红军，广元人，

1934 年参加红军，原在三十三军八十八师二六三团二营五连当勤务兵，还认识了一位姓杨的汉族妇女，因为语言相通，他们常常接近，摆谈自己的遭遇和想法。齐曼说出了她想做短工挣点钱做盘缠好回家乡的想法。徐国富不愿走，因为像他那样年轻力壮的人，回去也会被拉壮丁，不如就在这山区落户算了。日子久了，那位姓杨的汉族妇女就为他俩撮合，劝他们走不了就干脆在这里成亲算了。

徐国富和齐曼，在包座结婚了。徐国富对她非常好，每天徐国富都出门做木工活挣钱。后来听人介绍说：求吉乡甲基村有一户汉人，大人都病死了，留下一个孩子，别人准备抱去当儿子，那家人租种的地没人种，他们便赶紧到了甲基村顶替了这家汉人种地。来到甲基村后，徐国富自己动手，把即将倒塌的房屋进行了修补，虽然生活非常清苦，但在藏区流落了七八年的齐曼毕竟是有了自己的家。她那颗满怀恐惧的心终于开始宁静下来了。

徐国富仍然在草原上为人做木工活挣钱养家，齐曼则在那片一年只能种一季庄稼的土地上辛勤耕耘，种点青稞、麦子、胡豆、豌豆之类的高山作物自给自足，和其他藏族同胞一样过着吃糌粑、喝马茶（一种很粗的茶）的生活，吃、穿、用各方面也逐渐接近了藏族的生活习惯。

生活安定下来后，齐曼陆续生了九个孩子，但是因为很穷，没有吃的和穿的，加上气候恶劣，更谈不上有什么医疗条件，因此，她的多数孩子不是饿死，就是冻死或病死。死去的孩子中有儿子也有女儿。现在仅剩下两个儿子，大儿子44岁，是个小学教师，在村小学教书，小儿子28岁了，在甲基村当会计，还有两个可爱的小孙孙。

新中国成立后齐曼没有回过家乡。她父亲早已不在人世了，徐国富回过一趟广元，看望了家乡的亲人们。

现在他们的生活水平在当地算中等，吃的、穿的都很简朴，虽没有一件现代化的家用电器，但她感到很满足了，连连对我们说，现在的生活已经很好了，吃的、穿的什么都有。她们老两口和小儿子一起生活，每人承包三亩八分地，合计有十一亩四分地，每年种一季青稞和小麦，已经够吃了，还养了一群牛羊，圈里养了两头猪，所以粮、油、奶、牛羊肉、猪肉等都有吃的了。

三中全会以后，政府对他们十分关心，每年由民政部门补贴三百六十元。谈到这里，齐曼的脸上露出了笑容，她感谢政府对她的关心。

听了她的述说，我们的心久久不能平静。一个汉族妇女，自愿参加革命，离开了家乡，离开了亲人，走遍千山万水，流落藏区度过半个多世纪，革命成功后没有向组织伸手要钱，她的心地多么淳朴啊！

三中全会后，我们发现幸存在雪山草地的女红军还有一百多人。她们用鲜血和生命，为革命取得胜利铺垫了坚实的基础，她们九死一生，活到今天是多么不易，在这难以计数的岁月里，她们默默无闻地生活着，毫无奢求。今天，我们生活在这幸福的年代，怎能忘掉昨天为我们谋求幸福而献出鲜血和生命的前辈和先烈们！

第六章　失散在雪山草地的部分女红军

（统计时间为 1986 年）

长征时期失散在雪山草地的女红军大约有一百多人，已由民政部门查证核实的有以下九十多位，尚有部分正在查证核实中。

严秀英：80 岁，汉族，通江县人，1932 年在通江参加红军，1935 年失散。

刘素华：67 岁，汉族，小金县人，1935 在小金参加红军，1936 年失散。

汪桂香：68 岁，汉族，苍溪县人，1935 年在苍溪参加红军，1935 年失散。

王学文：69 岁，汉族，达县人，1933 年 6 月在达县参加红军，1935 年 5 月失散。

何云秀：67 岁，汉族，南江县人，1933 年在南江参加红军，1935 年在战斗中受伤失散。

张桂芳：69 岁，汉族，广元县人，1933 年在广元参加红军，1935 年在战斗中受伤失散。

张秀清：67 岁，汉族，巴中县人，1932 年在巴中参加红军，1935 年失散。

王全英：67 岁，金川县人，1935 年在金川参加红军，1936 年 8 月失散。

李素芳：67 岁，汉族，宣汉县人，1934 年 6 月在宣汉参加红军，1935 年 8 月因病失散。

李桂英：67 岁，汉族，南江县人，1934 年 7 月在南江参加红军，1935 年 8 月因病失散。

吴秀兰：69 岁，汉族，通江县人，1934 年在通江参加红军，1935 年 8 月因病失散。

孙培香：72 岁，汉族，巴中县人，1933 年 12 月在巴中参加红军，1935 年因病失散。

朱秀英：73 岁，汉族，巴中县人，1933 年 12 月在巴中参加红军，1935 年 8 月因病失散。

张秀英：73 岁，汉族，剑阁县人，1935 年 5 月在剑阁参加红军，1935 年 9 月在战斗中失散。

张德英：63 岁，汉族，江油县人，1934 年在江油参加红军，1935 年因病失散。

王世珍：71 岁，汉族，宣汉县人，1933 年在宣汉参加红军，1935 年在战斗中失散。

何青兰：70 岁，汉族，巴中县人，1933 年 5 月在巴中参加红军，1935 年因病失散。

张怀珍：66 岁，汉族，巴中县人，1933 年在巴中参加红军，1935 年因病失散。

王生珍：72 岁，汉族，平武县人，1935 年 3 月在平武参加红军，1935 年失散。

刘素清：64 岁，汉族，平武县人，1935 年在平武参加红军，1935 年因病失散。

傅桂氏：62 岁，汉族，平武县人，1935 年在平武参加红军，1935 年在战斗中失散。

杨树珍：71 岁，汉族，旺苍县人，1933 年在旺苍县参加红军，1935 年因病失散。

李秀珍：67 岁，汉族，通江县人，1935 年 1 月在通江参加红军，1935 年 6 月因病失散。

陈莲英：汉族，万源县人，1934 年在万源参加红军，1935 年因病失散。

万光秀：81 岁，汉族，宣汉县人，1935 年在宣汉参加红军，1936 年在战斗中失散。

牟桂兰：72 岁，汉族，仪陇县人，1933 年在仪陇参加红军，1935 年因病失散。

傅秀珍：70 岁，汉族，万县人，1932 年在万县参加红军，1935 年因病失散。

吴桂英：85 岁，汉族，广元县人，1934 年在广元参加红军，1935 年因病失散。

吴杨氏：69 岁，汉族，北川县人，1935 年在北川参加红军，1935 年失散。

李清玉：70 岁，汉族，安县人，1935 年在安县参加红军，1935 年失散。

　　李永珍：71 岁，汉族，通江县人，1935 年在通江参加红军，1935 年因病失散。

　　罗陈氏：81 岁，汉族，通江县人，1933 年在通江参加红军，1935 年因病失散。

　　曾学珍：72 岁，汉族，南江县人，1935 年在南江参加红军，1935 年因病失散。

　　郭秀英：72 岁，汉族，苍溪县人，1934 年在苍溪参加红军，1936 年在战斗中失散。

　　贾元兴：71 岁，汉族，阆中县人，1933 年在阆中参加红军，1935 年失散。

　　王树华：70 岁，汉族，平昌县人，1933 年在平昌参加红军，1935 年 9 月因病失散。

　　冯文秀：65 岁，汉族，江油县人，1935 年在江油参加红军，1935 年 7 月因病失散。

　　吴秀珍：76 岁，汉族，通江县人，1932 年在通江参加红军，1935 年在战斗中失散。

　　刘可英：68 岁，汉族，通江县人，1933 年在通江参加红军，1935 年在战斗中失散。

　　王秀珍：61 岁，回族，仪陇县人，1933 年在通江参加红军，1935 年失散。

　　刘秀英：60 岁，汉族，巴中县人，1933 年在巴中参加红军，1935 年失散。

　　陈德明：61 岁，汉族，通江县人，1933 年在通江参加红军，1935 年失散。

许明桂：65 岁，汉族，南江县人，1933 年在南江参加红军，1935 年失散。

马婆婆（原名米秀莲）：79 岁，汉族，通江县人，1933 年在通江参加红军，1935 年因病失散。

张秀英：74 岁，汉族，巴中县人，1933 年 8 月在巴中参加红军，1935 年因伤失散。

黄玉书：73 岁，汉族，巴中县人，1933 年在巴中参加红军，1935 年在战斗中失散。

仲姆初：69 岁，藏族，金川县人，1935 年在金川参加红军，1936 年在战斗中失散。

银花：78 岁，汉族，通江县人，1934 年在通江参加红军，1935 年在战斗中失散。

蒲素珍：73 岁，汉族，平昌县人，1933 年在平昌参加红军，1935 年在战斗中失散。

何丁香：69 岁，汉族，平武县人，1933 年在平武参加红军，1935 年因病失散。

波洛（原名何中正）：65 岁，汉族，城口县人，1934 年在城口参加红军，1936 年因病失散。

蔡文英：汉族，苍溪县人，1933 年在苍溪参加红军，1936 年因病失散。

妈妈：65 岁，汉族，通江县人，1933 年在通江参加红军，1936 年因病失散。

邓秀英：汉族，通江县人，1933 年在通江随妈妈参加红军，1936 年因病失散。

张秀英：62 岁，汉族，巴中县人，1933 年在巴中参加红军，1936 年因病失散。

刘秀英：汉族，随父母参加红军，1936 年随父母失散。

射香：63 岁，汉族，1936 年因病失散。

波罗：65 岁，汉族，城口县人，1934 年在城口参加红军，1936 年因病失散。

达马：汉族，1936 年因病失散。

娘波：汉族，1936 年因病失散。

泽仁卓玛（原名张丽桂）：59 岁，汉族，1933 年在家乡随父参加红军，1935 年失散。

齐曼（原名向金兰）：74 岁，汉族，宣汉县人，1933 年在宣汉参加红军，1935 年在战斗中失散。

泽里卓玛（原名陶秀英）：71 岁，汉族，苍溪县人，1933 年在苍溪参加红军，1935 年因伤失散。

王凤仙：66 岁，汉族，巴县人，1934 年在巴县参加红军，1935 年在战斗中受伤失散。

旦春兰：61 岁，汉族。

韩国均：75 岁，汉族，通江县人，1932 年在通江参加红军，1935 年因伤失散。

杨秀珍：68 岁，汉族，达县人，1933 年在达县参加红军，1935 年因伤失散。

阿木初：66 岁，藏族，松潘县人，1935 年在松潘参加红军，1936 年因病失散。

张素英：63 岁，汉族，通江县人，1933 年在通江参加红军，1935 年在战斗中失散。

龙凤英：75 岁，汉族，金川县人，1935 年在丹巴参加红军，1936 年因病失散。

汪桂贞：76 岁，汉族，会理县人，1935 年在会理参加红军，1935 年因伤失散。

牟桂英：68 岁，汉族，天全县人，1935 年在天全参加红军，1936 年因病失散。

邓金莲：62 岁，汉族，通江县人，1933 年在通江参加红军，1935 年因伤失散。

安秀英：72 岁，汉族，阆中县人，1934 年在阆中参加红军，1935 年因伤失散。

王文书：67 岁，汉族，苍溪县人，1933 年在苍溪参加红军，1935 年因伤失散。

周秀英：69 岁，汉族，巴中县人，1933 年在巴中参加红军，1935 年因伤失散。

三郡切木初：67 岁，藏族，金川县人，1935 年 9 月在金川参加红军，1936 年 7 月由组织决定留地方工作。

阿　坚：68 岁，藏族，金川县人，1936 年 1 月在金川参加红军，1936 年 7 月因母亲病重留下。

阿　根：71 岁，藏族，金川县人，1935 年 10 月在金川参加红军，1936 年 8 月因病失散。

朱四姐：66 岁，汉族，通江县人，1933 年在通江参加红军，1935 年在战斗中失散。

韩大姐：65 岁，汉族，金川县人，1935 年12 月在金川参加红军，1936 年 6 月随军转移失散。

梁三姐：74 岁，汉族，金川县人，1935 年 9月在金川参加红军，1936 年 6 月在战斗中失散。

龙秀英：64 岁，汉族，金川县人，1935 年10 月在金川参加红军，1936 年 7 月在战斗中失散。

靳洪仙：70 岁，汉族，金川县人，1935 年10 月在金川参加红军，1936 年 9 月因病失散。

龙正英：64 岁，汉族，金川县人，1935 年10 月在金川参加红军，1936 年 7 月在战斗中失散。

杨秀英（原名阿初）：73 岁，藏族，金川县人，1935 年 9 月在金川参加红军，1936 年 7 月在炉霍失散。

张金玉：68 岁，汉族，天全县人，1935 年在天全参加红军，1936 年 4 月因病失散。

郑大姐：71 岁，藏族，金川县人，1935 年10 月在金川参加红军，1936 年 8 月因病失散。

毛太珍（原名代弟）：71 岁，藏族，金川县人，1935 年 10 月在金川参加红军，1936 年 8 月失散。

李大姐（原名岳秀和）：65 岁，汉族，通江县人，1933 年在通江参加红军，1936 年 6 月因伤失散。

刘四姐（原名刘德茂）：68 岁，藏族，金川县人，1935 年 9 月在金川参加红军，1936 年 6 月受伤失散。

罗家华：67 岁，汉族，达县人，1933 年在达县参加红军，1936 年因病失散。

金行兰：67 岁，藏族，金川县人，1935 年 10 月在金川参加红军，1936 年在战斗中失散。

第七章 在雪山草地上
下落不明的部分女红军

（统计时间为 1986 年）

三舢木初：参军时 20 岁，1935 年参加红军，战士，1936 年跟红军走后无消息。

长命姐：1935 年在金川咯尔乡参加红军，走后无消息。

邓四姐：参军时 18 岁，1935 年参加红军，战士，走后无音信。

任二姐：参军时 20 岁，1935 年参加红军，走后无音信。

杜二姐：参军时 20 岁，1935 年参加红军，跟红军走后无音信。

邓大妹：参军时 17 岁，1935 年参加红军，跟红军走后无音信。

李幺妹：1935年参加红军，任妇女委员，跟红军走后无音信。

陈金妹：参加红军时22岁，1935年6月在薛城参加红军，战士，走后无音信。

张学霞：参加红军时18岁，1935年6月在薛城参加红军，走后无音信。

廖家女：1935年6月在薛城参加红军，走后无音信。

张阿旺：参加红军时31岁，1935年6月在薛城参加红军，战士，走后无音信。

周金芝：参加红军时14岁，1935年6月在下孟参加红军，走后无音信。

克喜阿保：参军时12岁，1935年6月在理番县甘堡参加红军，战士，无音信。

周金莲：参军时26岁，1935年在理番县扑头参加红军，战士，无音信。

苟春莲：参军时20岁，1935年在茂县较场参加红军，1935年随军出征无音信。

朱八英：参加红军时20岁，1935年在茂县较场参加红军，1935年随军，无音信。

王二姐：参加红军时27岁，1935年在茂县土门东兴参加红军，1935年随军，无音信。

雍德珍：参加红军时34岁，1935年在茂县土门东兴参加红军，1935年随军，无音信。

代娃：参加红军时17岁，1935年5月在茂县土门参加红军，走后无音信。

冯朝珍：参加红军时 16 岁，1935 年 6 月在茂县土门团结参加红军，走后无音信。

卞树伦：参加红军时 17 岁，1935 年 6 月在茂县土门团结参加红军，走后无音信。

徐根秀：参加红军时 15 岁，1935 年在茂县沟口五大队参加红军，走后无音信。

肖幺妹：参加红军时 16 岁，1935 年在茂县沟口五大队参加红军，走后无音信。

根秀：参加红军时 15 岁，1935 年在茂县沟口二大队参加红军，走后无音信。

张少珍：参加红军时 24 岁，1935 年在茂县渭门椒园参加红军，走后无音信。

第八章　在雪山草地上牺牲
的部分女红军

（统计时间为 1986 年）

夏察容中：1935 年在金川卡拉足沟给红军送信返回时被杀害，牺牲时年仅 30 岁。

嘎卡沙尔江：牺牲时 25 岁，1935 年参加红军任妇女委员，1936 年被害。

郭春花：1936 年在金川沙尔乡被杀害。

崔大珍：1935 年在金川县参加红军，战士，任乡苏维埃主席，1936 年被害。

谢德全：牺牲时 19 岁，1935 年在金川参加红军，战士。

寇家妹：牺牲时 19 岁，1935 年在金川参加红军，战士，1936 年在照壁山牺牲。

高苟妹：1935 年在金川县参加红军，任内务委员、战士，在金川空白沟被杀害。

张大姐：牺牲时 34 岁，1935 年在赤字参加红军，任乡苏维埃主席，1936 年牺牲。

唐五嫂：牺牲时 28 岁，1935 年在金川参加红军，任妇女部长，1936 年牺牲。

满姐：牺牲时 42 岁，1936 年参加红军，战士，任新桥内务工作人员。

唐氏：牺牲时 38 岁，1935 年在茂县水西参加红军，1935 年 7 月被杀害。

潘胖娃：牺牲时 20 岁，1935 年在茂县太平乡参加儿童团，红军走后被杀害。

〔附件〕

红军过雪山草地时，采取了多种形式向广大回番民众宣传红军和党的政策主张，他们用简朴明了、醒目的标语，用墨汁或石灰浆书写在住处建筑物的墙壁上，在一些岩石上錾刻标语，所到之处几乎都有。除此而外还采用了丰富多彩的歌谣、对唱、快板书等生动活泼的形式，向广大各族群众进行宣传。这些宣传内容，家喻户晓，深入人心，对各族妇女的影响极深，使她们从中受到深刻的教育。因为年代久远我们搜集到的不多。

标　语

（一）在茂县境内书写錾刻的部分标语

1. 共产党是为回番民族找衣穿找饭吃的党！

　　　　　　西路军司令部

　　　　　　曲谷河西黑布寨石刻

2. 红军是回番民族的救星！

　　　　　　西路军司令部

　　　　　　曲谷

3. 苏维埃是为番民谋利益的政府！

西路军司令部
曲谷

4. 妇女在政治上、经济上、文化上与男子一律平等！

西路军司令部
曲谷

5. 提高青年文化教育！

西路军司令部
曲谷

6. 反对邓贼娃子屠杀回番民众和穷苦青年！

西路军司令部
曲谷

7. 回番民族宗教信仰自由！

丙三

8. 推翻屠杀压迫回番民族的国民党军阀反动统治！

丙三
前峰水西

9. 蒋介石杀害了全中国千百万的穷人！
蒋介石烧毁了几千万座穷人的房屋！
蒋介石的匪兵到处奸淫穷人的妇女！
打倒奸淫烧杀的蒋介石！

丁一制
土门三元桥

10. 蒋介石命令邓锡侯屠杀松理茂的番民夷民！

中共省委

县城南门

11. 打倒压迫少数民族的国民党军阀邓锡侯！

丁一制

土门

12. 红军打倒款子！反对抽夫拉丁！
红军爱护穷人！打土豪！

红军政治部

13. 赤化全川！苏维埃是穷人的政府！

丁一

县城北门

14. 穷人分田地、拥护苏维埃！

前锋水西

15. 斧头砍开新世界，镰刀割断旧乾坤！

前锋水西

16. 邓锡侯、田颂尧、刘湘是杀人放火的棒老二！国民党是卖国杀民的狗党！

丁一

渭门十里铺

17. 组织回番民红军游击队保护回番民众去打帝国主义国民党！

丙三

（二）在汶川境内书写錾刻的部分标语

在原红军医院住地房板上书写的标语（今玉龙乡小茅生产队一间房板上）

1. 赤化全川

2. 赤化川北

3. 中国工农红军红四方面军第三十三军军医院

第一参加红军：个个穷人有饭吃

第二参加红军：个个穷人有衣穿

第三参加红军：个个穷人不出货税

第四参加红军：个个穷人分田地

第五参加红军：个个穷人不受压迫

第六参加红军：个个穷人不还富人债

第七参加红军：个个穷人不在（再给）发财人当牛马扒（耙）地

第八参加红军：个个穷人不受发（财）人剥削

第九参加红军：个个穷人不受发财人斯（欺）骗

第十参加红军：个个穷人得到改（解）放

第十一参加红军：个个穷人得到了土地利益

第十二参加红军：个个穷人才能消灭敌人

第十三自动参加红军：劝亲戚参加红军

4. 我们个个同志要努把力

5. 坚决消灭狗军阀

6. 消灭刘湘

7. 活捉田冬瓜（注：田颂尧）

8. 活捉李家玉（钰）

9. 活捉胡宗南

10. 红军胜利万岁

11. 中国共产党万岁

12. 拥护中（国）共青团

13. 红四方面军万岁、万岁

14. 穷人自动参加游击队

15. 穷人自动来革命

16. 打倒国民狗党

17. 全靠工农兵

18. 白色士兵们

   拖枪投红军

19. 平均分配土地

20. 郭竹铺牌坊上，正面横联："消灭刘湘"

右联："邓锡侯田颂尧李家玉（钰）"

左联："是杀人放火的棒老二"

21. 牌坊后面横联："工农专政"

右联："活捉蒋介石"

左联："赤化全四川"

22. 打倒帝国主义推翻国民狗党！

龙溪东门口岩石上

23. 邓锡侯是屠杀回番人民的刽子手！

七盘沟乡石碑上

24. 没收一切帝国主义在华的银行财产！

（三）在懋功境内书写和錾刻的部分标语

1. 共产党是中国革命的唯一领导者！

2. 只有苏维埃才能救中国

3. 拥护中央政府！

4. 取消一切苛捐杂税！

5. 红军是帮助穷人的！

6. 白军是帮助土豪的！

大寨村阿本家墙壁上

7. 只有红军不拉伕！

8. 只有红军不派款！

9. 只有红军不烧杀穷人！

10. 穷人要活命要保障土地证！

11. 国民党是卖国的狗党！

马家坡王大姐家墙壁上

12. 打倒刘文辉、活捉邓锡侯！

红军政治部宣

红光村冯全伦家墙上

13. 打倒屠杀夷番回苗的军阀刘文辉！邓锡侯！

14. 共产党是无产阶级的政党是中国革命的唯一领导者拥护共产党先进的工农加入共产党！

红军政治部宣

红光村王开明家墙上

15. 拥护苏维埃的和平政策！

16. 穷苦青年加入青年团！

丙一

17. 推翻国民党统治！

红军政治部宣

抚边乡境内

18. 夷藏回番苗有民族自决权！

19. 夷民起来自己管理自己的事！

20. 川军弟兄们不要替刘湘邓锡侯送死当炮灰！

21. 川军兄弟同红军联合起来一致北上抗日去！

22. 实行土地革命！

23. 达维夷汉工农动员起来帮助红军消灭邓锡侯刘文辉！

24. 夷回民今有保存自己信教风俗语言的自由！

达维喇嘛寺内两侧墙壁上

25. 红军是夷藏回苗人的好朋友！

26. 实行不交租不还税！

27. 推翻国民党政府！

28. 打倒帝国主义！

丝根

达维喇嘛寺二楼墙上

30. 列宁万岁！

红军泰岳政治部宣

31. 反对国民党团防派款派米派差！

红军泰岳政治部宣

32. 雇工工人贫农苦力工人分好田中农土地不够补给他参加红军者优先分好田上好田！

33. 共产党是工农穷人唯一政党、共产党是为穷人谋解放谋衣穿谋饭吃使穷人有土地！

34. 坚决抗日反蒋！

潮山

县城内

35. 参加红军救中国救穷人是伟大的事业！

36. 取消苛捐杂税反对拉伕当兵！

37. 参加红军家属受优待分好田人人尊敬！

38. 热烈参加红军才能保护我们一切权利！

红军政治部潮山宣

县城南

（四）理番县境内书写和錾刻的部分标语

1. 斧头砍开新世界　　　　　　　　（右联）

镰刀割断旧乾坤　　　　　　　　（左联）

征东征西　　　　　　　　　　　（横联）

九子村苏维埃政府大门上

2. 万国九洲如共产　　　　　　　　（右联）

五湖四海是红军　　　　　　　　（左联）

征南征北　　　　　　　　　　　　（横联）

3. 红军是保护回番民众不当亡国奴的军队！

危关杨先文家门口一石碑上

4. 为中国的独立自由奋斗到底！

薛城城门洞

5. 拥护红军！扩大红军！

下孟沙家寨一对石狮子上

6. 刘湘是估奸妇女的禽兽！

石门关一石岩上

（五）马尔康境内书写和錾刻的部分标语

1. 没收番民地主军阀官僚的土地财产房屋分给穷人！

松岗哈飘墙上

2. 红军是解放回番民族的救星！

总政

松岗哈飘墙上

3. 男女平等！

红九军

足木脚孔龙石标

4. 没收地主、军阀、官僚的土地平均分给工农穷人！

足木脚孔龙石标

5. 回、番、汉团结起来，打倒国民党帝国主义!

足木脚孔龙石标

6. 回、番、汉是一家!

足木脚孔龙石标

7. 实现抗日反蒋!

临江部
木尔宗墙上

8. 欢迎居民回家安居乐业!

临江部木尔宗墙上

9. 战士们高举鲜红的旗帜奋勇前进!

临江部木尔宗墙上

10. 创造西北根据地、誓死不当亡国奴!

政治部
木尔宗石标

11. 打倒国民党、替番民报仇!

红政
足木脚蒲志壁标

12. 番民与汉族人一律平等!

红政
足木脚蒲志壁标

13. 实行民族自决权,番民自己成立自己的人民政府!

红政
足木脚蒲志壁标

（六）金川县境内书写和錾刻的部分标语

1. 坚决创造苏维埃

2. 反对日本帝国主义强占华北山东

戌

以上两条在勒乌乡王家墙壁上

3. 青年团领导下才能永远不当亡国奴 （部分残缺）

大金少共省委

绥靖城隍庙内

4. 共产党万岁

安宁小学教室墙上

5. 穷人自动武装起来！

6. 消灭国民党残余军阀！

绥靖城隍庙门口石梯两侧铅刻

7. 维护工农红军

沙尔平占木马正孝家墙壁上

8. 中国共产党万岁！

沙尔老区委墙上

9. 国民党是帝国主义的忠驯走狗！

安宁碳厂沟口石碑上

10. 大举南进！

绥靖正街一屋墙上

11. 打倒刘湘！

绥靖老街赵家店内

12. 没收发财人田地房屋！

　　　　　　　　安宁红军纪念碑上

13. 反对英帝国主义侵略西藏！

　　　　　　　　　　大金省委宣

　　　　　　　　安宁刮耳岩石碑上

14. 反对封建压迫

　　　　　　　　中共大金省委宣

　　　　　　　　绥靖城隍庙内

15. 青年妇女结婚离婚自由！

　　　　　　　　　　少共省委

　　　　　　　　绥靖城隍庙内

（七）若尔盖县境内书写和錾刻的部分标语

1. 番人加入红军拥护红军

2. 番人成立番人党

3. 番人成立番人红军

　　　　　　　求吉牙沟大队扎西门壁上

4. 拥护共产党

5. 拥护苏维埃

6. 成立番人学校

　　　　　　　巴西邓均坝泽巴的门壁上

7. 红军不杀番人

　　　　　　　　　红军政治部

　　　　　　　求吉甲吉泽珠学校大门上

8. 红军公买公卖

求吉甲基泽旺大门上

9. 番民联合红军抗日反蒋

达戒寺墙壁上

10. 保护喇嘛信教自由

求吉下黄寨牙沟阿布措门壁上

（八）黑水境内书写和錾刻的部分标语

1. 打倒压迫番民的胡宗南！

2. 坚决赤化全西北！

3. 邓锡侯勾结胡宗南占了松潘，还想到我们松坪黑水等番地来整死番民！

4. 反对蒋介石用飞机来屠杀回番藏人！

西路军司令部錾刻在瓦钵三里寨岩石上

5. 番夷回工农同红军联合起来！打倒汉奸卖国贼蒋介石胡宗南！

6. 欢迎夷家工农参加红军！

7. 欢迎夷家工农同红军联合起来打倒邓锡侯！

芦花大铁别寨苏拉哈木家

8. 没收汉官发财人的田地分给番民！

9. 反对汉官军阀邓锡侯强占番家的金矿！

10. 反对汉官军阀强占番家的药山！

以上三条写在芦花大铁别寨赫作基家

11. 反对伤害回番民族的风俗习惯和宗教感情！

西路军政治部　丁一
芦花竹格都寨路旁岩石上

（九）松潘境内书写和錾刻的部分标语

1. 夺取松潘赤化至陕甘！

2. 夺取松潘寻求决战胜利！

3. 边民夷民们红军主张不还租不还债！

4. 打倒抽捐抽税的国民党军阀胡宗南！

5. 不当白军当红军去！

6. 白军兄弟们你们都是工农子弟不要替胡宗南打红军！

7. 白军官长打骂士兵，红军官长不打骂士兵，白军士兵暴动起来，杀死压迫你们的官长，当红军去！

8. 一致团结武装起来与红军共同打倒胡宗南、刘湘！

9. 打倒焚烧毛儿盖民房的匪徒胡宗南！

10. 工农干人们联合起来不反对中央！

11. 夷族蛮族与汉族的工农共同打倒胡宗南、邓锡侯、刘湘！

松潘毛儿盖热务沟一带的标语

（十）阿坝县境内书写和錾刻的部分标语

1. 红军替穷人打土豪分田地

在安坝杠休桑錾刻的标语

歌谣及快板书

一、格勒得沙共和国国歌

格勒得沙全国大会开幕了，

民族独立的法宝，动员起来，

武装起来，扩大格勒得沙革命军五万，

推翻封建地主，驱逐帝国主义的贪官，

完成格勒得沙民族解放，

争取社会主义的成功，

胜利是属于我们！前进！前进！前进！

（格勒得沙中央政府妇女部部长李富德唱）

二、十把扇儿歌

女：一把扇儿嘛连连，朵朵起哟溜溜，

这把扇儿嘛嘿哟，哪买的哟干哥啥？

男：这把扇儿嘛连连，没去钱哟溜溜。

我把扇儿嘛连连，相送你哟妹子啥。

女：二把扇子嘛连连，里面花哟溜溜，

干哥爱我嘛连连，我爱他哟干哥啥。

男：小妹爱我嘛连连，是红军哟溜溜，

我爱小妹嘛连连，不变心哟小妹啥。

女：三把扇儿嘛连连，是清明嘛溜溜，

姑嫂二人嘛哎哟，去上坟哟干哥啥。

男：嫂嫂手拿嘛连连，香一炷嘛溜溜，
　　妹子又提嘛连连，酒一瓶哟小妹啥。

女：四把扇儿嘛连连，四四方嘛溜溜，
　　姑嫂二人嘛连连，坐中堂哟干哥啥。

男：左面坐的嘛连连，情小姐哟溜溜，
　　右面坐的嘛连连，情小郎哟小妹啥。

女：五把扇儿嘛连连，是端阳哟溜溜，
　　扇儿掉在嘛哎哟，大路旁嘛干哥啥。

男：嫂嫂见到嘛连连，向前去嘛溜溜，
　　妹子见到嘛哎哟，喜一场嘛小妹啥。

女：六把扇儿嘛连连，三伏天嘛溜溜，
　　郎买扇子嘛哎哟，妹来扇嘛干哥啥。

男：一扇二扇嘛连连，凉风起嘛溜溜，
　　三扇四扇嘛哎哟，汗扇干嘛小妹啥。

女：七把扇儿嘛连连，七股头嘛溜溜，
　　南京买马嘛哎哟，北京游嘛干哥啥，

男：（记不起来了）

女：八把扇儿嘛连连，八股头嘛溜溜，
　　姑嫂二人嘛哎哟，梳油头嘛干哥啥。

男：嫂嫂梳的嘛连连，龙摆尾嘛溜溜，
　　妹子又梳嘛哎哟，扎花缕嘛小妹啥。

女：九把扇儿嘛连连，是重阳嘛溜溜，
　　姑嫂二人嘛哎哟，进庙堂嘛干哥啥。

男：嫂嫂烧香嘛连连，求儿女嘛溜溜，
　　妹子烧香嘛哎哟，求小郎嘛小妹啥。

女：十把扇儿嘛连连，小阳春嘛溜溜，
　　小郎前方嘛哎哟，参红军嘛干哥啥。

男：一参二参嘛连连，上前线嘛溜溜，
　　打胜仗嘛哎哟，得解放嘛小妹啥。

三、劝夫参军歌

上前喊声夫

从前受的苦啊！

真是说不出，

到现在共产来与我做主，

过去那的痛苦一概都消除，

拿田地和政权人人作得到，

拿田地和政权人人作得到。

四、（记不清歌名）

青年同志们，

参加我红军，

参加呀红军，好处多得很呀！

好处多得很呀！

五、红军操练歌

立正时向右看齐，

预备向前看，

排头报数，

数一数１２３４５，

二路分队前面有敌人，

缩后转弯，步步对着目标行，

右面哪挂的呀……

左面挂的是长枪呀！

扣扣好了打仗呀哟，哎嗨哟，

扣扣好了打仗呀哟，哎嗨哟。

六、调兵歌

没纳征，成哪，

男娃妹娃在调兵哪，

不知调哪营哪，

三十六团都呀不调呀，

专调了一班子少年人哪。

七、劝郎参军歌

女：劝郎君、劝郎君、劝郎当红军。

好呀好郎君、参加我红军，

红军好、官长士兵一样的，

没有阶级分，

我的郎、没有阶级分。

男：好乖乖，好好学习，

你学习要认真，

长大当红军，

长大当红军。

八、（记不清歌名）

红哪军哪详细听，

6135 奋勇杀敌人哪，

不怕困难与牺牲哪，

一起打到成都城哪。

（二至八首系失散女红军何云秀、王素华、张怀珍唱）

九、一同北上打日本

拿把小胡琴，

唱给敌军听（唱给别兵听），

你们不打我们，

我们不打你们，

大家都是中国人，

联合起来打日本。

（若尔盖失散红军徐国富唱）

十、帝国主义我们要推翻

帝国主义我们要推翻，

实行了共产党穷人不为难，

共产党成了功帝国都不容，

那时候掌政权人人有功。

当兵莫当反革命军阀兵，

军阀兵跟刘湘他要去杀人，

当兵要当我红军，
我红军呀自由权穷人就不为难，
我们红军天下多得很，
打一仗呀胜一仗人人努力，
努力努力努力向前进，
向前进消灭净不平等人，
不平等消灭净才把土地分，
创造一个新世界革命完成。

十一、庆祝苏维埃

八月桂花遍地开

鲜红的旗帜挂呀挂起来。

张灯又结彩呀，

张灯又结彩呀，

唱一唱国际歌庆祝苏维埃。

十二、妻劝夫参加红军歌

女：上前叫声夫，听我说眉目，
想起你从前哪，受了多少苦？
夫妻们一年到头累坏了呀，
到头来还是无米无衣服哎嗨呀，
到头来还是无米无衣服哎嗨呀。

男：从前受的苦呀真是说不出，
原来是没有共产党给我们做主，
到现在有了共产党呀，

过去的痛苦一概都消除哎嗨呀。

女：尊敬的夫君呀，听我说一声，

　　只有当红军，才能得翻身呀，

　　到前方杀敌人才是好事情哎嗨呀！

　　到前方杀敌人才是好事情哎嗨呀！

男：我妻说得好，我去当红军，

　　新世界要靠自己造呀，

　　顶好的青年同志们呀，

　　大家去当红军，前途真光明哎嗨呀！

　　大家去当红军，前途真光明哎嗨呀！

十三、把红旗插在全中国

亲爱英勇的红军哥，

我们胜利有把握，

上前杀敌没错过，

把红旗插到全中国。

十四、粉碎敌人乌龟壳

共产党领导真正确，

工农群众拥护真正多，

红军打仗真不错，

粉碎了国民党的乌龟壳，

我们真快乐，我们真快乐。

十五、消灭刘湘三字经

工农兵，来革命。共产党，是救星。

苏维埃，好章程。工农兵，共专政。

我红军，穷人军。分田地，杀豪绅。

灭帝国，救穷人。创苏区，十大省。

百多万，铁红军。打不尽，杀不尽。

游击队，遍各省。国民党，快垮杆。

我红军，入川陕。振动了，全四川。

吓坏了，刘湘胆。臭残兵，拼一盘。

向帝国，求救兵。卖康藏，与印蛮。

两千万，卖四川。扣军饷，种鸦片。

一尺布，也要款。穿草鞋，也要捐。

名目多，数不完。杀工农，数千万。

整穷人，惨难言。妻离子，儿子散。

家破产，人死完。大抽丁，大派款。

狗豪绅，付捐款。烂巾巾，都当完。

罗文坝，人杀完。血成河，尸如山。

（薛城邓再阳回忆）

后　记

　　本书的编写，是中共阿坝藏族羌族自治州委党史工委、四川省妇女联合会领导早已拟定的一项工作。1986 年 1 月 26 日在阿坝藏族羌族自治州妇女联合会的领导下成立了"征集妇运史"领导小组，组长韩明秀，副组长魏陵蓉、郑素芳。

　　"征集妇运史"领导小组成立后，小组的同志们到雪山草地有关县、区、乡访问知情人员，到北京、成都等地访问老红军，到图书馆、档案馆、展览馆抄写、复印资料。经过调查、核实、反复订正后，由中共阿坝藏族羌族自治州委党史工委委托州委党史办公室审稿，两次审订三易其稿，1989 年 7 月《女红军过雪山草地的故事》最后完稿。

先后参加本书编写和资料收集工作的有朱成源、张德林、邓宏灿、杨跃嘉、刘惠明、韩明秀、陈瑞雪、格西哈姆、李思谦、尚尔基、王顺蓉、魏陵蓉、郑素芳、杨树惠、余桂蓉、常德华、杨子江、常卫红、陈巧艳。

本书第一、三、四、五、七、八章由魏陵蓉执笔，第二、六章由杨树惠执笔、魏陵蓉修改，全书由魏陵蓉通纂。

阿坝藏族羌族自治州妇女联合会

"征集妇运史"领导小组

1989 年 7 月 30 日

民族团结故事丛书